Luisa Francia · Das Gras wachsen hören

Luisa Francia

Das Gras wachsen hören

Die spirituellen Fähigkeiten des Körpers

nymphenburger

Besuchen Sie Luisa Francia im Internet unter www.salamnadra.de
und die nymphenburger unter www.nymphenburger-verlag.de

Schutzumschlaggestaltung: Wolfgang Heinzel
Schutzumschlagmotiv: Luisa Francia
Satz: Schaber Satz- und Datentechnik, Wels
Gesetzt aus 10,6/15,5 Punkt in Trump Mediäval
Druck und Binden: Wiener Verlag, Himberg
Printed in Austria
ISBN 3-485-00958-X

»Die Feinwahrnehmung ist in mein Leben eingesickert. Da ist noch immer die Welt der festen Dinge, des Greifbaren, des Erklärlichen, doch sie ist umhüllt von einem Hauch, einem Energiefeld, das wie ein Gewebe von allen Wesen gespeist wird …«

Inhalt

Alles ist da

Menschen, die das Gras wachsen hören – da weiß doch der gesunde Menschenverstand gleich, was von denen zu halten ist: Das sind Närrische, Traumtänzer, Überempfindliche, die auf nicht wahrnehmbare Signale reagieren, die hören und empfinden, was gar nicht da ist. Andererseits wissen wir spätestens durch die Forschungen der Quantenphysiker, der Biologen und der Geologen, dass Wasser, Pflanzen, Luft, Tiere sehr wohl auf menschliche Energie reagieren. Und die Mathematiker geben immerhin schon zu, dass die Mathematik sich in ihrer abstraktesten Form der Mystik annähert. Dass wir nicht auf die Signale der Natur reagieren, hängt vielleicht mit der Schwerfälligkeit unseres Hirns zusammen. Von Pflanzen, Tieren, Steinen und den Elementen erwarten wir einfach keine neuen Erkenntnisse und da uns einmal beigebracht wurde, dass sie keine Sprache haben, soll es auch dabei bleiben. Dabei sollte uns allerdings die rasende Geschwindigkeit zu denken geben, mit der einmal gül-

tige wissenschaftliche Erkenntnisse wieder verworfen werden.
Wenn wir offen, neugierig und wissensdurstig genug sind, können wir von Pflanzen und Tieren, von Steinen und Elementen genug lernen. Zum Beispiel vom Farn, der seine Gestalt, seine Struktur und seine Energie fast unverändert seit Beginn der Vegetation auf der Erde bewahrt hat. Oder von den Kakerlaken, den ersten Tieren auf der Erde, die alle erdgeschichtlichen Katastrophen überlebten. Da können Menschen nicht mithalten, die es ja noch nicht besonders lange gibt. Auch was die Kommunikation angeht, sind Menschen nicht der Hit der Evolution. Damit zum Beispiel Kommunikation mit Delphinen entstehen kann, müssen Delphine Menschensprache lernen, weil die Delphinverständigung für Menschen zu komplex ist.
Das Gras wachsen hören ist also durchaus erstrebenswert, wenn wir die lineare und etwas beschränkte Bewegungsfähigkeit des menschlichen Geistes erweitern wollen. Doch vor neues Wissen und ungewöhnliche Lernprozesse hat der Mensch die Angst gesetzt. Vorsicht, mystisch! Wer den Garten der Rationalität verlässt, um in der Wildnis aller Impulse zu grasen, darf mit Angstreaktionen rechnen. Dabei ist das Überspringen des Zauns, wie es die wilden Frauen vor Hunderten und Tausenden von Jahren unbekümmert vormachten, befreiend und erhellend. Wenn das Gras mich spüren kann, warum sollte ich nicht lernen, das Gras wachsen zu hören? Wenn Wasser auf meine

schlechte Laune reagiert, ist es doch nur angebracht, dieses Wasser verstehen zu lernen. Wie fängt man das an? Wie kann man lernen, mit Wesen der Natur, mit den Elementen zu kommunizieren und die eigene Fähigkeit zum Entschlüsseln von Wissen zu trainieren? Wie schaffen wir es, auf neue Herausforderungen zu reagieren, anstatt sie zu verdrängen, damit alles beim Alten bleibt?

Eigene Kinder sind zweifellos unbezahlbare MeisterInnen, die uns Ausdauer, Heiterkeit, Geduld und eine ungewöhnliche Sicht auf die Welt beibringen. Auf der Suche nach Weisheit begleiten sie uns täglich an unsere Grenzen, legen den Finger in offene Wunden, testen unsere Belastungsfähigkeit und überprüfen jede Aussage auf ihren Wahrheitsgehalt. Sie ermutigen uns, alle Sicherheitsventile zu überprüfen, und sind so beherzt, diese Initiation mit uns durchzuhalten, auch wenn sie dabei selbst in Gefahr geraten. Was Kinder nämlich nicht sofort begreifen: Nicht alle Eltern sind erleuchtet. Wer durch die Initiation durch neugierige, fragende, drängende, insistierende Kinder gegangen ist, hat schon die besten Voraussetzungen, ungewöhnliche Kommunikationsformen für möglich zu halten und die nötige Kondition für ihre Erforschung aufzubringen.

Nicht immer ergibt sich diese viel versprechende Möglichkeit, von Kindern zu lernen, aber zum Glück sind der Fantasie keine Grenzen gesetzt.

Wenn ich in Zweifel gerate, wer ich bin, was ich auf

der Welt verloren und zu finden habe, in welcher Beziehung ich zur Natur stehe und was überhaupt los ist, setze ich mich in einen Kreis aus Steinen. Ich berühre jeden Stein und nehme Kontakt auf. Dann konzentriere ich mich auf meinen Atem. Der Einatem bin ich. Der Ausatem bin ich. Der Bauch, die Brüste, die Wirbelsäule, die Arme und Beine bin ich. Und die Kommandozentrale, die das alles erfindet, bin auch ich. Wenn ich das Gurgeln im Darm nicht bin, wie kann ich dann der Geist sein, der durchblickt oder jedenfalls durchblicken will?
Manchmal höre ich dann einen dumpfen Aufprall im Hof. Ich schnappe mir die Wohnungsschlüssel und laufe in den verwunschenen Hinterhof mit dem Quittenbaum, der Birke, der Holunderin und der kleinen Phloxstaude, die sich wild angesiedelt hat – eigentlich nur, um mir eine Freude zu machen, denn ich liebe den Duft von Phlox. Der Bambus streift meine Wange, wie er es gern tut, wenn ich um die Ecke flitze, dorthin, wo die Hausmeisterin ihre Pappe in die Mülltonne gelegt hat und darin auf und ab springt, um den Müll zusammenzupressen, damit mehr davon Platz hat und wir nicht zwei Tonnen bezahlen müssen. Diese Meisterin ist die einzige, die ich akzeptiere. Ich steige auf ihren kleinen Hocker und springe mit ihr auf und ab. Müll fand ich schon immer die wahre Essenz menschlichen Lebens. Was die Leute alles wegwerfen! Und wie sie versuchen, ihre kleinen kriminellen Handlungen (Flaschen, Batterien, Säure, Terpentin im

Hausmüll) zu tarnen! Die unsouveränen Lügen, wenn sie dabei erwischt werden! Im Müll zeigt sich das ganze Spektrum von Konsumsucht, Verlorenheit, Verlogenheit, das Spiel der Elemente, der Überfluss unserer Gesellschaft oder die Kargheit und Armut anderswo. Der Müll ist der dunkle Spiegel. Auf dem Weg zur feinsten Wahrnehmung müssen wir diese Spiegelung aushalten.

Dieser Hausmeisterin verdanke ich es auch, dass mir gelegentlich Lichter aufgehen. Wenn sie mich im Treppenhaus singen hört, kommt sie raus und erzählt mir was. Vielleicht habe ich es eilig und denke: Ich will keine Geschichte von jemandem hören, den ich sowieso nicht kenne. Doch sie hat schon angefangen. Die Geschichte handelt von ihrem Neffen und seiner Frau. Die hat das ganze Leben geschuftet, ein Haus gebaut, dann kam das Atomkraftwerk. Der Mann starb jetzt am Herzinfarkt, die Frau weiß nicht aus noch ein. Und ich hatte mir doch wirklich ernsthaft überlegt, ob ich mir nicht ein Häuschen errackern sollte. Ob sie in die Tonne springt oder was erzählt, die Hausmeisterin verpasst mir immer einen Lernprozess. Vielleicht sollte die Frau des Neffen mal in die Tonne springen, wegen der Erleuchtung. Bei mir funktioniert's. Die fünfundachtzigjährige Hausmeisterin braucht das nicht. Bei ihr sind schon lange alle Lichter an.

Ich wandere durch die Kraftfelder meiner Wohnung, durch Benzoerauch, Balsam-, Rosmarin- und Zimtduft, der unaufdringlich über dem Boden liegt, weil ich das Putzwasser mit ätherischen Ölen angereichert hatte. Vorbei an meiner Beziehungskiste, mit roten Rosen bemalt, in der meine Steuerunterlagen auf die Erklärung warten. Der von meinem Hintern mit einem alten Wollpullover polierte Holzboden schimmert mir matt entgegen. All diese Eindrücke verbinden sich mit Erinnerungsfragmenten – der Kastanienbaum an der Isar, der seinen starken Ast zu mir herunterbeugt, die Bar Fanelli in New York, Gertrude Steins Gesicht, die Stimme von Tom Waits, die violette Blüte der Beinwellstaude zwischen den Gleisen am Münchner Ostbahnhof. Meine Füße tasten über den Boden, meine Augen streifen das Foto von zwei nigerianischen Schneiderinnen. Ich versuche zu ergründen, wie sich all diese Wahrnehmungen und Erinnerungen anfühlen, und stelle fest, dass es eine Energie jenseits der Sinneswahrnehmungen, jenseits von Sprache oder Gedanken gibt. Bruchstücke, Fetzen von Wahrnehmung tauchen in meinem Hirn auf, die weder Bilder noch Worte sind. Ich kenne dieses Gefühl. Wenn ich morgens aufwache, habe ich es oft. Ich versuche, mich an den Traum der Nacht zu erinnern, und alles, was kommt, ist ein Energiefeld, ein Hauch, manchmal mit etwas Farbe oder einem Detail aus einem Bild angereichert und doch undefinierbar, ein Gefühl, das sich der genauen Beschreibung entzieht.

Diesem Hauch gehe ich nach. Ich finde ihn in Gesprächen mit Menschen. Ich finde ihn nachts auf dem

Fahrrad, wenn ich unter blühenden Linden oder Jasminsträuchern fahre, wenn der Mond plötzlich auf dem Fluss glitzert, wenn die Ampel grün wird und alle fahren, während ich zuschaue und mir Zeit lasse, aus der Vorwärtsbewegung aussteige in den Raum, der immer da ist: die Zeitlosigkeit. Ein Hauch im Hirn, noch kein klarer Gedanke, kein definierbares Gefühl. Nicht nur Körperchemie.

Diese Feinwahrnehmung ist in mein Leben eingesickert. Das plötzliche Erkennen einer Pflanzenkraft, eines Ausdrucks in einem Menschen oder einem Tier. Unvermittelte Aufmerksamkeit für Dinge, die ich vorher gar nicht gesehen hatte. Da ist noch immer die Welt der festen Dinge, des Greifbaren, des Erklärlichen, doch sie ist umhüllt von einem Hauch, einem Energiefeld, das wie ein Gewebe von allen Wesen gespeist wird und das ich immer genauer erkenne und immer begeisterter erforsche.

Alles ist Energie. Diese Energie bewegt sich ohne mein Zutun. Ich muss nicht handeln, nicht eingreifen. Ich muss mich nicht aufraffen, nicht zusammenreißen. Nicht einmal entscheiden muss ich mich. Alles ist da. Ich bin da.

Es ist, wie es ist.

Vom Trauma zur Traumzeit

»Vorsorge, das ist ja schrecklich«, sagte Hadjara, meine afrikanische Freundin, vor rund zwanzig Jahren. »Ist Sorge nicht schon schlimm genug?« Es war ein Witz, ein Wortspiel mit einem wahren Kern. Wenn man eine Sprache nicht gut spricht, hinterfragt oder gerade lernt, wird man für die ursprüngliche Bedeutung der Wörter besonders sensibel. Vorsorge heißt, sich nicht erst Sorgen zu machen, wenn etwas Beunruhigendes auftritt, wir wollen die Gefahren und Hindernisse schon vorwegnehmen und uns gründlich darauf einstellen. Vorverkrampfen. Vielleicht ist ja deshalb die Krebsrate in Schweden und Deutschland, in den Ländern mit der gründlichsten Gesundheitsvorsorge, am höchsten, während sie in einem Land wie Polen, das kaum Vorsorge oder ökologische Politik kennt, am geringsten ist.

Die medizinische Versorgung ist in Deutschland, so viel auch drüber gemeckert wird, überdurchschnittlich gut. Ab einem Alter von etwa fünfzig Jahren verbringen viele Bundesbürger ihre Freizeit in Wartezimmern. Anstatt dem Körper näher zu kommen, entfernen sie sich von ihm, werden diagnosesüchtig und geben gegen Ende ihres Lebens die Verantwortung vollkommen an Fachleute ab. Einerseits liegt das sicher an der Langeweile, denn es gibt kaum noch Aufregungen und Ereignisse, die die Adrenalin- und Endorphinproduktion anheizen und ein Gefühl von Lebendigkeit anregen könnten. Das Bedürfnis nach einem wohlklingenden Namen und bedeutsamen Medikamenten für ein Zipperlein mag eine Erscheinung der Wohlstandsgesellschaft sein, aber auch der Mangel an medizinischer Versorgung stärkt das Bewusstsein für den eigenen Körper und die Eigenverantwortung nicht. Im Gegenteil. Die BewohnerInnen armer Länder geben die Verantwortung oft an raffsüchtige Scharlatane ab, was ihnen auch nicht weiterhilft.

Mit den Ängsten um den Körper gehen die Ängste über die Schrecken der Welt einher. Der Polizeichef von New York sagte bei einer Pressekonferenz, dass die Menschen, die am wenigsten gefährdet seien, am meisten Angst hätten; zum Beispiel sei die Gruppe der Sechzig- bis Achtzigjährigen am wenigsten von Morden betroffen, sie habe allerdings die meiste Angst davor, während die am stärksten betroffene Gruppe, Jugendliche, die in Banden organisiert sind, sich kaum Gedanken um Gefahren mache.

Diese Ängste könnten sehr wohl aus der Veränderung des Körpers entstehen. Denn Wechseljahre (von

Frauen und Männern) entsprechen energetisch durchaus der Pubertät: Eine neue Zeit bricht an, der Körper stellt seine Botenstoffe um, gibt neue unbekannte Impulse und reagiert anders auf Herausforderungen. Die Ängste entstehen jedoch auch, weil wir uns nicht mehr dem Leben stellen. Die meiste Angst vor Gefahren auf Reisen haben jene Menschen, die sich kaum von zu Hause fortbewegen, und wenn überhaupt, dann organisiert und scheinbar abgesichert. Menschen, die viel reisen, sind mit den Problemen vertraut, die auf Reisen auftauchen können. Vermeidung von Lebendigkeit schützt nicht wirklich. Und am Ende eines jeden Lebens steht immer noch der Tod, je eher wir uns damit beschäftigen, umso freier wird der Kopf, umso lebendiger der Körper. Dass ich sterben werde, heißt nicht, dass ich meinem Körper Tag für Tag Energie entziehe und schon ein bisschen voraussterbe. Es heißt auch nicht, dass ich meinen Körper zum Fachmann trage, weil ich selbst nicht gut genug auf ihn achten kann. Um den Tod zu wissen heißt, mit jeder Faser des Körpers bis zum Tod zu leben, zu genießen, wach zu sein.

Obwohl wir ja alle in unseren Körpern leben, spüren die wenigsten Menschen, was wirklich in ihrem Körper vorgeht. Ist uns die Lust auf Kommunikation vergangen oder verstehen wir uns nicht mehr darauf, so wie wir langsam verlernen, zu Fuß zu gehen? Was wir im Körper nicht mehr abrufen, verkümmert. Im Alltag ist das weiter kein Problem, denn wenn es Te-

lefone gibt und alle Menschen, die gern miteinander kommunizieren wollen, ein Telefon haben, ist ja alles in Ordnung. Nur was ist mit der Kommunikation mit dem eigenen Körper? Zwar kann sich heute schon jedes Kind den Blutdruck messen, aber was sagt das schon? Bei leichter Aufregung steigt er; spricht man während der Messung, steigt er auch; feinste Veränderungen im Körper schlagen sich vorübergehend auf den Blutdruck nieder, ohne dass dabei irgendein wirkliches Problem entsteht. Was also nützt es uns, den Blutdruck zu messen, wenn er nicht schon so weit gestiegen ist, dass man auch ohne Messgerät merken kann, dass der Körper ein Problem hat?
Jede Mutter weiß ohne Fieberthermometer, wann ihr Kind Fieber hat, und die meisten wissen sogar, ab wann die Sache problematisch wird, ohne einen Arzt hinzuzuziehen. Wozu auch einen Arzt? Wer kennt das Kind besser als die Mutter? Seine Neigung zu Fieber, zu Verdauungsproblemen und Ähnlichem? Wenn die Mutter ihr Kind kennt, warum kennen wir dann den eigenen Körper nur bruchstückartig, obwohl wir doch darin leben? »Das kann nur der Arzt wissen. Da lasse ich jetzt eine Computertomographie machen«, heißt es oft, wenn sich der Körper mit einem »Symptom« meldet. Nun, vielleicht will er sich nur unterhalten? Jeder Kommunikationsversuch des Körperuniversums mit dem Ich – was ist eigentlich dieses Ich – wird niedermedikamentiert. Nicht für alles jedoch braucht man Schmerzmittel, Tranquilizer, Auf-

putscher, Antibiotika. Und wenn Aufmerksamkeit und Kommunikation gefragt ist, schadet das Niedermedikamentieren mehr, als es nützen kann. Das Verhältnis zwischen »Ich« und Körper, also zwischen der Schaltzentrale irgendwo im Hirn, einem sehr begrenzten Raum, der nur die Koordination aller Aktionen im Körper überwacht und sich weiter nicht auf Einzelheiten einlässt, und dem Körper mit seinen vielfältigen Impulsen und Abläufen, ist durch Unsicherheit gekennzeichnet.

Zeichen des Körpers, die nicht schon lange bekannt sind, lösen schnell Panik aus. Was ist da los? Vielleicht sterbe ich daran? Wer ein Symptom in eine Gesprächsrunde wirft, kann sich schnell ein paar tödliche Krankheiten aussuchen, denn jeder weiß irgendwas zu welchem Symptom auch immer zu sagen. Das darfst du nicht auf die lange Bank schieben! Da würde ich was unternehmen! Das musst du untersuchen lassen! Dann werden die zu erwartenden Foltermethoden kolportiert und alle Zuhörenden dürfen sich ob der Grausamkeit der anstehenden Untersuchung etwas gruseln. Damit will ich keinesfalls sagen, dass es falsch ist, zum Arzt zu gehen, oder dass man alles allein bewältigen soll. Ganz falsch ist es sicher, aus Angst vor einer Diagnose keine ärztliche Untersuchung zu wagen. Um die Feinwahrnehmung zu entwickeln und zu pflegen, ist es jedoch sinnvoll, die Sprache des Körpers anzuhören und zu entschlüsseln, sich mit den Zeichen des Körpers vertraut zu machen, ehe man von außen eingreift. Der Körper ist der beste Arzt, sagte ein Wiener Gynäkologieprofessor.

Menschen, die nie zum Arzt gehen, durchleben wahrscheinlich immer wieder Gefährdungen des Körpers, die sie verarbeiten und von denen sie nichts Genaues wissen, weil kein Diagnoseschock eintritt. Selbst Ärzte geben zu, dass sich etwa achtzig Prozent aller Krankheiten durch die Selbstheilungskraft des Körpers selbst regulieren. »Trotzdem kommen früher oder später alle«, sagt ein befreundeter Mediziner über meine Zurückhaltung seiner Zunft gegenüber. Darin liegt nicht nur Triumph. Auch er findet es problematisch, dass seine PatientInnen keine Verantwortung für ihren Körper übernehmen wollen und sich jede Veränderung und Lösung ihrer Probleme von ihm erhoffen. Auf dem Weg zur Selbstheilungskraft, zu den feinen Sensoren des Körperuniversums kristallisiert sich eine Erkenntnis heraus: Alles, was man nach außen abgibt, übernimmt der Körper nicht mehr selbst. Er verlernt es vielleicht sogar. Und umgekehrt fängt er wieder an, Signale zu senden und Botschaften durchzugeben, wenn nicht von außen eine schnelle Lösung angeboten wird. Es gibt Störungen, Krankheiten, die ein schnelles Eingreifen unbedingt erfordern, wenn man nicht bereit ist, daran zu sterben. Allerdings sind wir heute von dem Prinzip »Nur so viel wie nötig und so wenig wie möglich« in der Schulmedizin weit entfernt. Schon Kinder werden mit Antibiotika, Schmerzmitteln, Tranquilizern und anderen medizinischen Hämmern

derart abgefüllt, dass sie Allergien entwickeln und in wirklich schweren Fällen, die ja auch durch das systematische Ausschalten der körpereigenen Abwehr entstehen, Medikamente nicht mehr helfen.
Wer sich krank ärgern kann, kann sich auch gesund freuen. Dieselbe »irrationale« Energie, die den Körper zerstören und krank machen kann, kann ihn auch heilen und wieder aufbauen. Dabei werden keine »rationalen« Überlegungen gebraucht, sondern Erfahrung und analytische Fähigkeiten des Hirns treten zurück hinter ein älteres Potenzial, das mehr Macht hat, das scheinbar unmögliche »Wunder« vollbringen kann, das, wenn es freigesetzt wird, die erstaunlichsten Dinge bewirkt. Immer wieder lesen wir von Menschen, die sich spontan von einer eigentlich tödlichen Krankheit erholt haben, die sich an gefährlichen Infektionskrankheiten nicht anstecken, die schier unglaubliche Heilungsprozesse durchlaufen und alle negativen Prognosen ihrer Ärzte damit entkräften.
Wer das Gras wachsen hören will, tut deshalb gut daran, mit dem Körper in Einklang zu kommen, zu kommunizieren und ihm zu vertrauen.

Der Gesang der Dunkelheit

Die Sonne brannte gnadenlos auf die fünf Kamele, meine Freundin Hani und ihre Cousine Aischa, den Kameltreiber, seinen Bruder und auf mich. Wir waren gegen vier Uhr morgens in Djanet in der algerischen Sahara aufgebrochen, um einem Onkel irgendwo in der Wüste Salz und Hirse zu bringen. Zuerst war ich zu Fuß gelaufen, weil mir das Tempo ziemlich langsam zu sein schien. Nach wenigen Kilometern konnte ich jedoch nicht mehr mithalten, fiel zurück und stieg schließlich widerwillig auf den Kamelsattel – ein Holzbrett mit einer Art Zierlehne, an die man sich nicht anlehnen durfte, weil man dann runterfiel. Beim Gehen hatte ich schon geschwitzt, auf dem Kamel dörrte ich aus. Dann fiel die Nacht. An diesen Augenblick muss ich immer denken, wenn ich all die Lichtritter und Lichtbringer, die Lichtanbeter und die Verherrlicher des Hellen höre. Die Dunkelheit umhüllte uns wie ein kühler Mantel und die Zeder, unter der wir uns niedergelassen hatten, begann, einen harzigen Duft zu verströmen. Hani zeigte mir kleine Kräuter, die direkt unter dem Sand wuchsen. Ich konnte sie kaum sehen, sie führte meine Finger und ich spürte ihre dicken kleinen Blätter, die sich fast wie Plastik anfühlten. Ihr Vorhandensein zeigte an, dass es nicht besonders tief unter der Sandoberfläche Wasser gab.

Der traditionelle Pfefferminztee wurde zubereitet. Ein kleines Feuer, das nur von wenigen dürren Ästen genährt wurde, flackerte in der Dunkelheit. Der Tee roch stark und belebend. Wir tranken den ersten Aufguss, aßen kleine schmalzgebackene Kuchen von Hanis Mutter, dann tranken wir den zweiten und den dritten Aufguss. Mittlerweile tauchten die ersten Sterne am samtdunklen Himmel auf. Ich breitete meinen Schlafsack auf dem Boden aus und Hani und Aischa legten sich neben mich. Wir starrten in den Himmel. Aischa und Hani sprachen nur von Paris, von den tollen Geschäften, den *boîtes* (Nachtclubs), vom Geld, das man dort verdienen kann. Ich dachte daran, dass es in Europa eine solche Nacht nicht gibt, ohne Licht, ohne Streulicht von Städten, ohne Lärm, ohne Musik, ohne Autos, ohne Geräusche, ohne Gestank. Es war verrückt: Nur weil Hani und Aischa in dieser Weite, in dieser Freiheit, ganz mit der Natur, tief mit Licht und Dunkelheit verwoben waren, war ihre Traumwelt so lebendig. Und falls sie es schaffen würden, nach Paris zu gelangen, würden sie eine Unterweltsinitiation machen und es würde sehr lange dauern, bis sie das Ge-

schenk der Wüste erkennen könnten, die vollkommene Verwobenheit mit der Natur.
Ich beobachtete, wie die Sterne langsam in der Tiefe des schwarzen Himmels aufleuchteten und von Horizont zu Horizont ein Netz aus strahlenden Punkten und der schimmernden Milchstraße zogen. Das Feuer verbreitete den Geruch, den ich noch aus der Kindheit kannte. Der Glutkern flackerte rot auf.
Später begann Hani, auf ihrer kleinen Handtrommel, eigentlich einer Art Tamburin, einen Rhythmus zu schlagen, und einer der Brüder sang dazu. Der Gesang stieg auf und suchte das Weite, verklang in der Ferne, neue Töne folgten ihm. Die beiden Frauen fielen in den Gesang ein. Plötzlich wurde mir bewusst, dass ich schon eine ganze Weile fasziniert den Atem angehalten hatte. Ich ließ mit einem tiefen Aufatmen die frische klare Nachtluft in meine Lungen strömen. Nie zuvor hatte ich die Köstlichkeit reiner Atemluft so deutlich empfunden. Umgeben von der schützenden Dunkelheit tankte mein Körper Stille, Luft, die Schönheit des Sternenhimmels und des Gesangs.
Die Dunkelheit des Universums ist der Ursprung aller Wesen. Aus der Dunkelheit kommen wir, in die Dunkelheit kehren wir zurück. Vielleicht ist uns deshalb das Licht so wichtig. Das Licht der Welt erblicken – da ist noch keine Bedrohung durch ständige Lichtüberflutung in den Städten, durch den Lichtblitz von Bomben, durch die Lichtimpulse von Fernsehern und Computerspielen zu spüren. Wenn wir nicht genug

Licht bekommen, werden wir depressiv. Nicht umsonst greifen Menschen im hohen Norden zur Flasche, wenn sie die monatelange Dunkelheit ertragen müssen. Erst die Ausgewogenheit von Licht und Dunkelheit macht uns glücklich.

Licht
Vitamine und Mineralstoffe verlieren ihre Kraft
Dunkelheit
Geruchs-, Tast- und Hörsinn werden stärker, während der Sehsinn zurückgeht
Licht
Farben, die erst durch Licht sichtbar werden, verblassen auch durch Licht
Dunkelheit
Ängste tauchen auf
Licht
das Herz wird leicht
Dunkelheit
Ruhe kehrt ein
Licht
Pflanzen ziehen ihre Kräfte in die Wurzeln
Dunkelheit
die Kraft der Fantasie entfaltet sich

Vor rund dreißig Jahren wagte ich es zum ersten Mal, allein eine Nacht im Wald zu verbringen. Immer hatte ich mich danach gesehnt, einmal nachts in den Wald zu gehen, und den Mut nicht gefunden. Wie fast alle

Frauen war ich gehirngewaschen von Horrorvorstellungen, was einer Frau allein im Wald in der Nacht passieren kann. Um das Abenteuer zu erleichtern, ging ich bei Dämmerung los und ging so lang, bis es stockdunkel war. Ich ließ mich mit meinem Schlafsack an der Wurzel eines großen alten Baums nieder. Mit dem Einbruch der Dunkelheit war mein ganzer Mut verraucht. Jetzt hatte ich Todesangst, mich überhaupt zu bewegen. Also blieb ich regungslos, atemlos in meinem Schlafsack, an den Baum gelehnt, sitzen. Jedes Geräusch jagte Adrenalinwellen durch meinen Körper. Ich hörte nur das Tosen meines Körpers, Herzschlag im Hals, wilder Atem und war in einer unfreiwilligen Meditation über Zecken, wilde Tiere, gewalttätige Männer, umstürzende Bäume, Naturgewalten und plötzlichen Herztod gefangen. Die erste Überraschung stellte sich bald ein: Die scheinbar vollkommene Dunkelheit lichtete sich mit der Zeit. Je länger ich von ihr umhüllt war, desto mehr gewöhnten sich die Augen daran und fingen an, Umrisse und Konturen auszumachen. Der Atem floss ruhiger, ich wurde heiter und fing an, die feinen Geräusche des Waldes wahrzunehmen. Und dann hörte ich sogar ein Blatt fallen. Nach etwa einer Stunde konnte ich einen Dachs erkennen, der unweit von meinem Schlafplatz einen Eingang zu seinem Bau hatte. Es dauerte allerdings noch weitere acht Jahre, bis ich erfahren durfte, dass ein Mensch nachts im Wald einen solchen Lärm macht, dass man ihm rechtzeitig weiträumig ausweichen kann. Bis dahin nämlich begegnete ich nachts keiner Menschenseele. Und ich lernte, dass man Menschen nicht nur hört, sondern auch riecht. Manchmal saß ich ganz still am Wegrand unweit des Dorfes, in dem ich lebte, und weitete meine Sinne. Was höre ich? Was spüre ich? Was rieche ich? Was sehe ich? Tagsüber sind die Sinne nie so aufeinander abgestimmt. Die Augen und die optische Wahrnehmung dominieren alles. Nachts beginnen jedoch die Ohren wach zu werden, die Haut dehnt sich nach außen, wird zur Membran für die feinen Geräusche, die nackten Füße beginnen zu sehen, informieren mich über den Boden, die Temperatur, Gefahren.

Ich begann, mich an die »Atemgeräusche« des Waldes zu gewöhnen – Knacken von Zweigen, Rascheln, Blubbern und Gurgeln, wo Wasser in der Nähe war. Je öfter ich eine Nacht draußen verbrachte, umso vertrauter wurde mir die Natur, umso näher kam sie mir. Der Duft von Moos, von Erde, Rinde, Harz, Waldmeister, Erdbeeren umgab mich. Ich wurde Teil der »feindlichen« Natur, sank in das Alleinsein, ins All-eins-Sein und ich wurde gesehen und wahrgenommen. Früher wanderte ich dahin und nahm wahr. Jetzt merkte ich, dass auch ich wahrgenommen werde. Je stiller ich saß, umso näher kamen kleine Tiere, Schmetterlinge, sogar Füchse. Ich lernte den Unterschied zwischen einem Reh (leichtes Knacken, keine Atemgeräusche) und einem Dachs (Rascheln, Schaben). Füchse konnte ich fast gar nicht akustisch wahrnehmen. Ein Igel dagegen ist so laut wie ein Liebespaar kurz vor dem Höhepunkt.

Als ich Anfang der Siebzigerjahre in einer der ersten Demonstrationen der »Neuen Frauenbewegung« den Slogan »Nehmen wir uns die Nacht!« rief, hatte ich noch keine Ahnung, wie gründlich gerade diese Eroberung der Nacht mein Leben verändern, meine Lebenskraft stärken würde.

Gegen zwei Uhr nachts radelte ich nach einer Veranstaltung durch den Englischen Garten in München. Die Jasminsträucher dufteten so verführerisch, dass ich mich auf dem Gras niederließ und mich in diese wohlriechende Nacht hineinsinken ließ. Plötzlich wurde mir klar, wie sehr sich mein Leben seit dieser ersten Nacht im Wald verändert hatte. Der Englische Garten ist mir bei Nacht so wenig bedrohlich wie bei Tag. Obwohl man ständig Horrorgeschichten über Drogendealer und finstere Herumtreiber hört, habe ich solche noch nicht dort getroffen. Meine gefährlichste Begegnung war mit einem Radfahrer. Wir fuhren beide ohne Licht und kamen nur wenige Zentimeter voreinander zum Stehen, worauf wir herzlich zu lachen anfingen.

Ich kann mich leise und schnell bewegen und ich habe keine Angst. Ich habe mir die Hälfte meines Lebens zurückgeholt, indem ich mich mit der Nacht vertraut machte. Und mit der Nacht gewann ich die andere Hälfte des Himmels zurück.

Viel Vergnügen!

Wer sagt, dass wir uns mit wertvoller Nahrung am Leben erhalten? Wenn das so ausschließlich stimmen würde, müssten Millionen von Menschen tot umfallen. Denn was sie essen, reicht dem Körper entweder nicht aus oder ist von so geringem Nährwert, vergiftet, aller aufbauenden Substanzen beraubt, dass man diese Nahrung kaum als Lebensmittel bezeichnen kann. Wie uns allen bekannt ist, leben Millionen von Menschen an der Hungergrenze und sterben oft genug daran.

Wie allerdings weniger bekannt ist, leiden Jugendliche auch in der westlichen Zivilisation unter Mangelernährung. Wer nur Chips, Pommes, Cola, Hamburger und dergleichen in sich hineinstopft, gibt seinem Körper genau genommen keine wirklichen Nährwerte. Trotzdem überleben die meisten Jugendlichen diese Mangelernährung, wenn sie nicht gerade magersüchtig sind und am selbst auferlegten Verlust zu Grunde gehen. Ein Skandal der Lebensmittel-

branche jagt den nächsten, mal ist es BSE, mal Nitrofen, mal Atrazin, mal DDT.
Eine Kinderärztin aus Basel erzählte mir, dass sie in den Fünfzigerjahren an einer Reihenuntersuchung bei Kindern beteiligt war. Sie sollte Grenzwerte für Schadstoffbelastung in kindlichen Körpern festlegen. Heute sind diese Grenzwerte um ein Vielfaches übertroffen, ohne dass die Kinder dadurch wesentlich kränker wären als in den Fünfzigerjahren. Es gibt wohl mehr fettleibige Kinder und mehr Allergien. Als Tschernobyl explodierte, gab es zwar in der Folgezeit viele Todesfälle und einen enormen Anstieg von Krebskrankheiten, es gab jedoch auch jene Menschen, die sich weigerten, von dort wegzuziehen und die nicht krank wurden, obwohl sie ihre Mammutkohlköpfe und ihre Riesenkarotten ständig essen.
Findhorn ist eine spirituelle Lebensgemeinschaft im Norden Schottlands. Seit Jahrzehnten leben dort vor allem junge Menschen, die Sehnsucht nach spiritueller Geborgenheit haben. Findhorn ist für seine üppigen Gemüse berühmt, obwohl der Boden dort eigentlich für Gemüseanbau nicht sehr geeignet ist.
Nun entdeckte man, dass dieser Riesenwuchs möglicherweise mit der ältesten Atomwiederaufbereitungsanlage ganz in der Nähe der spirituellen Kommune zusammenhängt. Die Rate der Erkrankungen ist dort jedoch nicht höher als anderswo. Andererseits haben viele Menschen, die sich total gesund und ökologisch ernähren, oft Störungen im Verdauungstrakt, Stoff-

wechsel- und Autoimmunkrankheiten oder Krebserkrankungen.
Ein älteres Ehepaar fuhr in die Steiermark in Urlaub. Die beiden wanderten durch einen Weinberg. Sie stiegen bergauf und mussten tief Luft holen. Plötzlich kam ein Giftsprühfahrzeug auf sie zu. Beide atmeten das Gift ein, sie verätzte sich die Lunge, er nicht. Die Mutter einer Freundin starb an Lungenkrebs, obwohl sie weder geraucht hat noch viel mit Rauchern zusammen war.
Es sieht so aus, als könnten wir nicht automatisch vom Nährwert guter Nahrung oder von einer Schädigung bei gefährlichen Substanzen ausgehen. Aber niemand weiß so recht, wie man das deuten soll. Jeder Mensch scheint individuell zu reagieren. Die innere Programmierung spielt oft eine Rolle, manchmal dann auch wieder nicht. Klar ist, dass Nahrung so gut wie möglich, die Lebensumstände so erträglich wie möglich sein sollen. Und wenn das nicht so ist?
Wie Männer ihre Energieverluste wieder auffüllen, wissen wir: Ein Mann, der keine Frau mehr als Energielieferantin hat, landet nicht selten unter der Brücke. Wie machen Frauen das? Sie sind da, sie putzen das Nest, sie harmonisieren gelegentlich, doch auch wenn sie es nicht tun, halten sie die Familie zusammen und die Männer im Gleichgewicht. Nicht umsonst haben Krankenhäuser nicht gern allein stehende Chefärzte und auch leitende Politiker und Fußballer sind ohne Partnerin riskant für Partei oder Verein. Die Frau ist

nicht nur Energielieferantin, sondern auch soziale Garantie. Und wie gleichen Frauen ihre Mängel aus? Eben. Oft schaffen sie es nicht. Denn wenn sich auch fast immer eine Pflegerin für einen Mann findet, so ist es doch eher selten, dass Kinder, Ehemänner oder Verwandte besonders scharf darauf sind, eine leidende Frau zu pflegen. Da heißt es dann schnell: Die terrorisiert die ganze Familie mit ihrer Krankheit! Die simuliert ja nur! Die ist wehleidig! Wie man sich nur so gehen lassen kann.

Das trägt nicht gerade zur positiven Programmierung bei. Also krank ärgern. Denn wie würde jetzt »gesund freuen« gehen? Falls eine Frau es schafft, sich optimale Heilungsbedingungen aufzubauen, hat sie garantiert ein schlechtes Gewissen, weil sie »so viel für sich allein fordert«, wie es einmal eine Bekannte formulierte. Daraus folgt, dass Frauen nicht nur lernen müssen, sich gesund zu freuen, sondern das Recht auf Heilung, auf Gesundheit, auf Freude für sich beanspruchen und schlechtes Gewissen gar nicht erst aufkommen zu lassen.

Erst wenn wir so bei uns selbst angekommen sind, öffnet sich eine neue Ebene: Alles ist Energie. Der Körper wird durch Energie zusammengehalten: Jede Blüte, jedes Kraut, jede Wurzel, jedes Gemüse, jedes Tier, aber auch Salze, Mineralien, Elemente bestehen aus Energie. Wir können natürlich unser Leben damit verbringen, auf der Ebene der Materie zu bleiben und unsere Nahrung so zusammenzustellen, wie es uns Ernährungsberater sagen. Interessanter wird es, wenn wir unserer Nahrung und allen Wesen auf der energetischen Ebene begegnen. Dann wird Nahrung zur Unterhaltung für den Körper, so wie der Körper rituell zum Unterhaltungselement für die Natur werden kann.

Auf einer Reise durch Nigeria kam ich in echte Bedrängnis: Nirgends gab es etwas zu essen. Das Land brodelte. Ständig kam es zu bewaffneten Übergriffen. Das Gasthaus, in dem ich in der Nähe von Ibadan übernachtete, war anscheinend der Treffpunkt für irgendwelche Rebellen oder Revolverhelden. Die Männer schauten sich bis tief in die Nacht immer wieder das Video von »Terminator« an und gingen dann hinaus, um ein paar Schießübungen zu machen. Ich wanderte im Garten unter dem leuchtenden Sternenhimmel mit knurrendem Magen auf und ab. Kein Essen. Nirgends. Ich dachte an Matjesheringe mit Kartoffeln, an Schweinebraten, an Tofu, an Sushi, auch an Apfelstrudel dachte ich und an den Nährwert von meinen Lieblingsspeisen. Ich dachte an Vitamin B und C und E und an Selen und all diese so genannten Spurenelemente, die wohl so genannt wurden, weil kein Mensch eine Ahnung hat, was sie wirklich sind. Selen zum Beispiel ist ja ein außerirdisches Spurenelement, das den Körper an seine universelle Existenz erinnert. Bekommt man zu wenig davon, wird man fantasielos. Sage ich. Ich dachte an Kohlehydrate und Zellulose und wie gern der Körper diese Stoffe durch den Darm schiebt und wie sauer er ist, wenn er davon zu wenig bekommt. Ich hatte drei Tage nichts gegessen und sehr wenig getrunken, denn auch Getränke gab es nirgends und aus den Dreckbrühen, die mal Flüsse oder Seen waren, mochte ich noch nicht trinken. Ich schaute den Jugendlichen beim Schießen zu, die genauso wenig gegessen hatten wie ich und dabei noch völlig kräftig wirkten. Wie arbeitete ihr Körper? Woher nahm er solche Luxuszutaten wie Selen oder Kalzium? Am nächsten Morgen war mir schwindlig und ich wusste, es war Zeit, entweder legal Essen zu finden oder eine Familie zu überfallen.

Ich wanderte zu den zahlreichen Kneipen, an denen »good food« angeschrieben war. Doch es gab nichts. Dann entdeckte ich ein Lokal auf einem Hügel, ich hatte Visionen vom Kloster Andechs und schleppte mich hinauf. Nachdem ich längere Zeit erschöpft über dem einzigen Tisch gehangen hatte, kam eine wunderschöne Frau in einem gelben Kleid. Ich möchte etwas essen und etwas trinken, krächzte ich. Sie nickte freundlich. Noch bevor ich sagen konnte, was ich will, war sie verschwunden. Es gab nichts! Eine melodramatische Hingabe an den Tod machte sich in mir breit. Ein schöner Ort, um zu verhungern. Aber da kam sie wieder. Sie trug eine Flasche Star-Bier und auf einem Teller ein Hühnerbeinchen, das so dürr war, dass ich überlegte, ob ich wohl die Knochen zerkauen könnte. Kommentarlos legte sie alles vor mir auf den Tisch und öffnete die Bierflasche. Ich bedankte mich und trank mir Mut an. Dann biss ich in den Hühnerschenkel. Das Bier hatte in meinem Verdauungstrakt einigen Aufruhr bewirkt, zumal es eiskalt war. Nach wenigen Schlucken war ich betrunken und begann, meinem Magen das Huhn anzupreisen. Scharf wie die Hölle und zäh wie ein Putzlumpen wanderte es hinunter, kratzte im Hals und landete wie ein Klumpen im Chemiewerk meines Körpers. Alarmstufe I begann sich durch alle meine Zellen auszubreiten. Unverdaulich, befand der Magen. Dabei war ich so ausgelassen, so erleichtert, überhaupt etwas gefunden zu haben, dass ich ständig daran dachte, wie gut mir dieses zähe Stück Huhn tun würde, das nicht mehr war als etwas Muskelfleisch, Pfeffer und jede Menge Keime. Selten hat mir eine Mahlzeit so gut geschmeckt und mich derart aufgebaut wie dieses ungenießbare Hühnerbein. Mein Organismus behandelte es höflich wie ganz normale Nahrung, als er merkte, wie froh es mich machte, und da mein Hirn ständig ekstatische Freude signalisierte, konnte ich weitere eineinhalb Tage ohne Essen auskommen, ohne meine gute Laune zu verlieren. Ich kaute an Blättern von einem Busch, den gerade ein paar Ziegen für sich entdeckt hatten. Schwirrende Impulse durchfuhren meine Haut, der Magen tanzte Limbo, das Blut wirbelte spiralig durch die Adern. Ich fing an zu lachen und hatte einen Flash: Ich wusste alles. Ich war schon immer da. Und dann dachte ich: So sind die Ziegen immer drauf!

Raubtiere im Kopf

Wenn von Feindbekämpfung die Rede ist, muss ich immer lachen. Der Mythos Feind! Dabei ist doch jede »feindliche« Energie außerhalb des Körpers nur ein Spiegel des eigenen inneren Zerstörungspotenzials. Je heftiger wir mit Kräften außerhalb von uns kämpfen, umso hilfloser sind wir dem Verlust des Gleichgewichts im eigenen System ausgesetzt. Es mag ja gelegentlich für das Sicherheitsbedürfnis der meisten Menschen notwendig sein, die Spieler in Gut und Böse einzuteilen und das Spielfeld in Mein und Dein, doch das hilft uns leider auch nicht weiter. Weil es uns nur von der eigentlichen Ursache des »Lebenskampfes« entfernt: von den Raubtieren im Kopf, den Kräften, die uns aufstacheln, aggressiv machen, Zerstörung und Selbstzerstörung suchen. Die zugleich unsere größte Widerstandskraft, unsere stärkste Energiereserve und unsere mächtigsten Feinde sein können.

Sie liegen träge im Endorphin-, Serotonin-, Melatonin-Nebel, bis sie, von der Adrenalin-Bande aufgescheucht, durcheinander zu toben beginnen. Am Ende so einer Mobilmachung gibt es vielleicht ganz viele Serotonine im Darm und keine mehr im Kopf – eine schöne Voraussetzung für schwere Migräne. Vielleicht spielen die Melatonine verrückt und verpassen dem Körperuniversum eine Depression.

Was wir Hormone, Botenstoffe im Körper, nennen, ist nur eine dürre Umschreibung eines Mikrokosmos kleinster Energieteile, dessen Interaktionen und Vernetzungen auch die kühnsten Forscher noch nicht einmal im Ansatz verstehen. Menschliche Hilflosigkeit, Ahnungslosigkeit, Paranoia produziert Kriege von der kleinsten Zelle bis in den Weltraum. In der naiven Annahme, man könnte auch nur eins der komplizierten Probleme innerhalb einer komplexen Vernetzungsstruktur lösen, indem man Besitzverhältnisse klärt, Angreifer ausschaltet und mögliche Schlupfwinkel für feindliche Energien unbewohnbar macht, lassen sich die Spitzenkräfte menschlicher Zivilisation auf kaum mehr als neue Kampfmittel, Kriegstaktiken, Vernichtungsmöglichkeiten ein: Ob Terroristenhatz oder Kampf gegen Viren: Die Lösung des Problems wird immer in der Vernichtung, der Ausrottung gesucht.

Die Raubtiere im Kopf träumen. Irgendetwas weckt sie. Vielleicht die Bemerkung einer Freundin: Hast du zugenommen? Vielleicht ist es die hingeworfene Feststellung, dass eine afrikanische Asylantenfamilie ihren Lebensunterhalt derzeit vom Sozialamt finanziert bekommt. Vielleicht hat uns jemand ein Gerede-Gewebe übergeworfen, das aus einem Zwicken im Bauch Krebs, aus einer schlechten Stimmung eine Depression, aus einem Elefanten eine gefährliche Mücke machen kann. Vielleicht taucht jemand aus der Kindheit auf und erinnert an die größte Demütigung. Und vielleicht ernähren sich die Raubtiere im Kopf auch schon lange von ihrem Lieblingsfutter: Angst. Auf jeden Fall beginnen sie sich langsam zu bewegen, sie springen hin und her, strecken sich, brüllen. Sie stürzen sich genüsslich auf jede Beute, die wir ihnen hinwerfen.

Eine Frau rief mich an; sie werde von irgendwelchen Menschen mit Gedankenenergie bedroht; die Verschwörung erstrecke sich bis Sizilien. Ein stummes Kichern machte sich in mir breit. Aber eigentlich ist es nicht komisch, was mir immer wieder mit E-Mails und Anrufen unterbreitet wird. Denn diese in Not geratenen Menschen sind nicht wahnsinnig. Die Anruferin zum Beispiel ist eine Therapeutin, die eigentlich mit beiden Füßen fest auf der Erde steht. Sie meditiert. Und hier liegt vielleicht die Quelle ihrer Besorgnis: Durch Meditation, durch den häufigen Umgang mit nicht stofflichen Energien wurde ihr überhaupt erst klar, wie mächtig die unsichtbare Welt der Gedankenkraft, der spirituellen Energien, der Geister sein kann. Sie spürt das konfuse Geflecht menschlicher Gefühle und Gedanken, die unbekannten Energiefelder körperloser Wesen. Und plötzlich fühlt sie sich schutzlos all diesen Kräften ausgeliefert. Jede magische Einweihung, wie sie SchamanInnen und Zauberkundige in animistischen oder magischen Kulturen durchlaufen, beinhaltet Lernprozesse, wie mit Energien umzugehen ist. In Mitteleuropa wurden die magischen Traditionen durch die Inquisition aufgebrochen oder ganz zerstört. Wir kennen kaum noch überlieferte Mittel, um mit der Welt der Energien umzugehen. Therapien decken die Probleme nicht ab, weil sie den magischen Raum nicht für real halten und meistens nicht einbeziehen. Unbestimmte Ängste, spirituelle Verwirrungen rufen die Raubtiere im Kopf. Jede Energie, die wir fühlen, die zwischen lebendigen Wesen entsteht, nährt sich vom Körper. Sie braucht unser Einverständnis, unsere Fantasie, um sich materialisieren zu können. Imagination ist das Herz der Wirklichkeit. Was uns bedroht, braucht unsere Angst, unser ständiges Bearbeiten der Bedrohung, unsere Konzentration auf die möglichen Folgen der Bedrohung, um spürbar, sichtbar, greifbar zu werden.

So weit, so bedrohlich. Wer jetzt denkt, die Raubtiere im Kopf können getrost zu den Gefahren, zu den Feinden gezählt werden, hat noch nichts dazugelernt. Denn diese räuberischen Energien, die einerseits das Hirn lähmen und die Gedanken unter Denkfolien pressen, werden auch aktiv, wenn wir die eigene Befreiung planen. Wenn Kühnheit zur Veränderung der alten, festgefahrenen Gedankenstruktur nötig wird. Wenn kreative Energie gefragt ist. Die Raubtiere im Kopf können schnurren und sich lustvoll wälzen, sie können knurren und beißen und ihre Beute zerreißen. Dieselbe Energie, die uns mutig, widerstandsfähig macht, kann auch Selbstzerstörung bewirken. Autoimmunkrankheiten sind ein gutes Beispiel dafür. Die Abwehrkräfte, die einmal im Körper entwickelt wurden, um Krankheiten abzuwehren, richten sich plötzlich gegen das System, in dem sie entstanden. Der Körper, den es zu schützen galt, wird als Bedrohung empfunden. Allergien und Heuschnupfen, multiple Sklerose, das Erschöpfungssyndrom oder Endometriose sind zum Beispiel solche Störungen, bei denen die Abwehr den eigenen Körper zerlegt.

Dennoch leben wir, als sei alles geklärt. Als brauchten wir unser spirituelles Radarsystem nicht mehr und auch keine Sorgfalt, was wir dem Körper zumuten. Mag sein, dass in der Steinzeit alles einfacher war. Raubtiere griffen an, man musste rennen oder kämpfen. Viele Möglichkeiten, das eigene Bewusstsein zu entwickeln, wird es wahrscheinlich nicht gegeben haben. Das Leben war kurz, aber vielleicht sehr viel überschaubarer. Jetzt ist alles etwas komplizierter. Wer weiß schon so genau, was den Körper, den Geist, die Seele angreift? Wer mag sich auf die eigene Intuition verlassen und damit vielleicht zum Gespött der Leute werden? Die Raubtiere sind nicht mehr sichtbar. Angriffe sind unklarer geworden, Verteidigung in vielen gesellschaftlichen Situationen unpassend, peinlich. Jemand sagt, wie reizend er/sie dich findet, und du weißt genau, es stimmt nicht. Gift strömt mit dem falschen Kompliment ins System. Du schluckst es, versuchst es zu verarbeiten. Wenn du versuchen würdest, ehrliche Verhältnisse herzustellen, würdest du wieder belogen werden und deine Gefühle würden sich noch mehr verknoten. Wer hat so eine Situation noch nicht erlebt? Wer kennt nicht die brutale Diskrepanz zwischen der Realitätsfolie und den wahren Energien? Wenn das Bedürfnis, gefühlte Wahrheit bestätigt zu bekommen, noch mit Bedrohung beantwortet wird, koppelt sich Wahrheit mit Gefahr und das Körperuniversum verzichtet auf die Wahrheit, um zu überleben. Das ist die tägliche Realität vor allem für Kinder, die diese Erfahrung mit ins Erwachsenenleben nehmen. Frag nicht nach, erforsche deine eigenen Gefühle nicht – es könnte lebensgefährlich werden. Daraus entsteht das Gefühl, das eigene Impuls-Verarbeitungssystem sei gefährlich. Attackiert mit Bemerkungen wie »Du wieder mit deinem Gefühl«, legen die meisten Frauen irgendwann ihre Intuition auf Eis. Es kostet zu viel Kraft, immer gegen den Strom der »Rationalität« zu schwimmen. Dabei kommt es durchaus vor, dass die Intuition der Frauen noch zur Rettung der finanziellen Situation oder eines in Not geratenen Mannes herangezogen wird. Doch auch das Nutzverhältnis zur eigenen Intuition bringt uns diese nicht näher. Denn sie funktioniert nach einem eigenen Rhythmus, der mit Nutzbarkeit und Linearität nichts zu tun hat. Sie ist nicht »beweisbar« und je öfter wir versuchen, Beweise für die Intuition zu finden, umso

mehr entgleitet sie uns. Sie fließt durchs Körperuniversum wie der Atem und die Körperflüssigkeiten. Sie reagiert auf die feinste Anregung und zieht sich beim ersten Angriff, beim Verlust der heiteren Gelassenheit, zurück. Die Vernetzung der Intuitionsimpulse ermöglicht es dem Körperuniversum, feinste Duftstoffe (Pheromone), schier unhörbare Geräusche, die Veränderung oder Gefahr signalisieren, und optische Veränderungen in der Umgebung wahrzunehmen. Jede Veränderung von Temperatur und Gefühlsqualität wird registriert und verarbeitet. Nur wie sollten wir dieses feine Netzwerk erklären oder beweisen, wenn wir nicht einmal Pheromone, diese mit dem Geruchsorgan nicht wahrnehmbaren Duftstoffe, riechen oder erklären können? Die Intuition, diese feinstoffliche Wahrnehmung und Verarbeitung, ist vielen Attacken ausgesetzt. Auch Umweltgifte wandern mit der Atemluft, dem Trinkwasser und der Nahrung in den Körper und nehmen Kontakt zu Botenstoffen und feinen Energien auf, die wir nur vage ahnen und erst in einer ausgebrochenen Krankheit definieren können.
Tschuktschen-SchamanInnen heilten nicht einfach Krankheiten. Sie wussten um das komplexe Energiefeld, das eine Krankheit auslöst. Sie verhandelten mit den Gebietern der Krankheit, traten mit ihnen in Kontakt, bewirteten sie und verabschiedeten sie nach einer angemessenen Zeit. Die Medikamente unserer Kultur schlagen die Krankheitserreger nieder, verdrängen Krankheiten oft auf eine tiefere, nicht mehr

wahrnehmbare Ebene. Und wenn es wahr ist, dass Medikamente für todbringende Krankheiten oft die einzige Möglichkeit sind, zu überleben, so ist es doch auch wahr, dass mittlerweile hochwirksame Mittel bei körperlichen Störungen eingesetzt werden, die durch Ruhe, Besinnung, spirituelles Gleichgewicht gelöst werden könnten. Doch dafür ist schon bei Kindern keine Zeit. Die körpereigenen Raubtiere werden durch Verdrängung, Fehlschaltungen in der Körperchemie zu bedrohlichen Zeitbomben im Gehirn, in den Organen, im Stoffwechsel und in den Muskeln.

Im Süden Senegals, in der Casamance, übernachtete ich bei einer Familie in einem Buschdorf. Ich trank Wasser aus alten Plastikflaschen, das vom Brunnen geholt wurde. Ich putzte meine Zähne mit Holzstäbchen, die selbstverständlich nicht steril waren. Die DorfbewohnerInnen sahen nicht krank aus, sie hatten keine Durchfälle und abgesehen von gelegentlich auftretender Malaria hatten sie keine gesundheitlichen Probleme. Als ich nachts auf dem Dach, umschwirrt von Mücken, die mich früher hysterisch gemacht hatten und mich jetzt buchstäblich kalt ließen, an einem kleinen Kuchen kaute, der durch viele Hände gegangen war, bis er in meinem Mund landete, spürte ich zum ersten Mal die Raubtiere in meinem Kopf. Sie waren friedlich. Meine Fantasie war anderswo beschäftigt. Die Mondsichel hing strahlend über mir. Vögel sangen ihre Lieder. Irgendwo im Hof wurde gelacht und geredet. Ich kam bei mir selbst an. Ich war zu Hause. Und mein Haus beherbergte viele Wesen, die jetzt alle im Einklang mit mir waren. Wie ein vielstimmiger Gesang schwangen die Energien aller Wesen in mir, um mich herum. Ich spürte, dass es eine selbstverständliche Harmonie in mir gab, wenn ich sie nur zuließ. Wenn ich aufhörte, sie mit Horrorvisionen, mit der Illustration von Schrecken und Problemen zu stören. Ich streichelte meine räuberischen Gedanken, spielte mit ihnen, trug sie mit der Atemluft durch den Körper und fühlte mich vollkommen eins mit allem. Situationen großer Gefahr tauchten in meinem Kopf auf. Ich erinnerte mich an den Taxifahrer in Lagos, der mich zum Hafen gefahren hatte und dort, im dunklen Schatten eines verrosteten Tankers, plötzlich sagte: »Was machst du, wenn ich dich angreife?« Ich fühlte eine mächtige Heiterkeit wie eine Flutwelle durch meinen Körper strömen. »Dann töte ich dich«, sagte ich, ohne nachzudenken. Er startete den Wagen und fuhr mich zum Hotel. Die Raubtiere in meinem Kopf waren endlich zu meinen Verbündeten geworden. Sie geben mir Mut, Gelassenheit und die Fähigkeit, alles, was ich gelernt habe, auch zu gebrauchen. Sie arbeiten nicht mehr gegen mich. Sie halten mich nachts nicht wach, sie versammeln keine Schrecken in meinen Träumen. Sie sind wild. Und ich verstehe sie endlich, weil ich verwildert bin. Weil ich der Wildnis in mir wieder den Raum lasse, den mein Körperuniversum braucht, um im Einklang leben zu können.

Mit Freundinnen machte ich am Fluss ein Feuer. Die Nacht war überwältigend schön, der Mond fast voll und wir waren nicht die Einzigen, die diese Idee gehabt hatten. Ein paar Jugendliche versuchten, ein ohnehin mickriges Feuer mit frischen Zweigen anzuheizen, die sie von einer Esche gerissen hatten. Wir regten uns auf. Dann beschlossen wir, ihnen trockenes Holz zu geben. Ich brachte es ihnen und sagte dieser Horde besoffener, bekiffter Jungs: »Frische Zweige brennen nicht. Und Zweige einfach abzureißen ist nicht im Einklang mit der Natur.« Sie starrten mich an wie ein Wesen von einem anderen Stern. Aber sie freuten sich auch über das trockene Holz. Ich merkte in diesem Augenblick, wie wichtig es ist, keine Zugeständnisse an Jugendkultur, Kultsprache, Coolness und männliche Umgangsformen zu machen. Ich hatte gesagt, was ich zu sagen hatte, sie hatten es gehört. Und das war gut so.

Die Raubtiere im Kopf machen aus einem Schatten einen Angreifer, aus einem Spaziergänger einen Vergewaltiger, aus dem Tropfen des Wasserhahns das Entsicherungsklicken einer Pistole. Sie machen allerdings auch aus dreckigem Flusswasser heiliges Göttinnenwasser, sie machen aus einem hingeworfenen Wort, aus einem gefundenen Stück Papier ein Zeichen. Sie können uns total paranoid machen: Wenn ich nicht in einer bestimmten Reihenfolge meine morgendliche Routine mache, dann werde ich Pech haben oder krank werden. Sie können jedoch genauso gut das Ma-

ximum an Kreativität durch genau die gleichen Rituale bewirken: Ich ziehe jetzt einen rituellen Kreis und was ich vorhabe, wird gut ausgehen.
Dieselbe Kraft, die Menschen ängstlich, paranoid und verrückt macht, macht sie auch kreativ. Dieselbe Kraft, die Unheil abwehrt, kann auch Unheil heraufbeschwören. Auf die Balance der Energien kommt es an. Auf Anspannung und Entspannung. Die Angst vor Giften kann tatsächlich den Körper krank machen. Und wer sich nur noch darauf konzentriert, wie viel Gift im Essen, in der Luft, in den Füllungen der Zähne ist, gibt den Raubtieren im Kopf einen Freibrief, alles zu vernichten, was noch in Balance ist. Was will ich damit sagen? Sollen wir uns um das Gift nicht kümmern?
Um eine Balance zwischen den zerstörerischen und den kreativen Kräften im eigenen Universum zu halten, ist es sinnvoll zu verändern, was nötig und möglich ist, und sich bei dem Zustand zu entspannen, der nicht zu beeinflussen ist. Der Körper kann erstaunliche Belastungen ertragen, Vergiftungen entschärfen, Verletzungen heilen. Dass sich Probleme im Körper einrichten und verfestigen, hat sehr oft damit zu tun, dass der Kopf, die Ratio, kein Vertrauen zur Selbstheilungskraft des Körpers hat, weil die Medizin und die Wissenschaft andere Signale senden: Heilung geschieht von außen. Entspannung, Erleichterung, Loslassen entsteht durch Therapien, durch Kuren, durch medizinische Anstrengung.

Was aber, wenn das alles gar nicht stimmt? Wenn ein Lied eine Krankheit heilen kann, die als unheilbar gilt? Wenn fünf Stück Zucker und die Farbe Rot eine aufregende Liebesnacht auslösen? Rational ist das nicht, klar! Aber es passiert die ganze Zeit, ohne dass man es vernünftig erklären könnte. Heiterkeit bringt die Raubkatzen im Kopf zum Schnurren, die Botenstoffe zum Singen und die Wasser im Körper zum Fließen.

Eine meiner Yogalehrerinnen hatte als junges Mädchen eine Tinnitus-Attacke. Sie litt schrecklich unter dem Lärm in ihren Ohren und wusste nicht, wie sie ihn vertreiben oder ignorieren sollte. Eines Tages ging sie im Wald spazieren, setzte sich an einen Bach und lauschte auf das Plätschern des Wassers. Plötzlich durchfuhr sie die Erkenntnis: Der Lärm in den Ohren ist weg. Sie konnte es nicht fassen. Das Pfeifen und Rauschen war völlig verschwunden. Sie konzentrierte sich auf die Stille in ihrem Ohr und etwas Unheimliches geschah: Während sie lauschte und ängstlich überprüfte, ob auch wirklich kein Geräusch mehr im Ohr klang, kam der Lärm wieder. Zunächst leise, kaum wahrnehmbar, doch je intensiver und konzentrierter, je ängstlicher sie lauschte, desto stärker wurde er. Schließlich tobte es in ihrem Ohr genauso stark wie zuvor. Sie hatte die Raubtiere auf ihre Ohren angesetzt. Erfolgreich.

Der erstarrte Ozean

Am Anfang war das Wasser. Bevor die Erde daran dachte, sich mit Menschen oder Tieren zu belasten, hüllte sie einen flüssigen Mantel um ihren glühenden Kern und tanzte mit den Wassern.

Wir werden von Körperflüssigkeiten gezeugt, im Wasser geschaukelt, von Fruchtwasser genährt, Wasser scheiden wir aus und Wasser ist unser Element bis zum Augenblick der Geburt. Aber wir können nicht fließen. Wenn wir nicht gerade weinen oder pinkeln, vergessen wir sogar, dass der Körper ein Wasserwerk ist, so fest scheint er. Schwimmen könnten wir ja. Babys, die sofort ins Wasser gelegt werden, schwimmen vergnügt ohne Probleme unter Wasser. Doch mit der Zeit vergessen wir das Wasser. Zuerst sind wir Ozean, dann immerhin noch die Ströme und Flüsse, dann die Welle, dann surfen wir auf der Welle, dann gehen wir an Land. »Land in Sicht« gilt uns immerhin als Ausruf der Hoffnung. Die Entfernung des Menschen vom Wasser zeigt sich ganz brutal im Alter: Die meisten Menschen trinken zu wenig, das führt dazu, dass der Körper immer mehr erstarrt und Giftstoffe und Überflüssiges nicht mehr ausgeschwemmt werden kann. Am Ende trocknen wir aus.

Auf einem Flug mit einem Versorgungsflugzeug in eine Wüstenoase der Sahara saß ein Ingenieur neben mir. Er erzählte mir vom Wasser in der Wüste. »Wenn es regnet«, sagte er, »kommt in kürzester Zeit so viel Wasser vom Himmel, dass es von dem von der Sonne betonhart gebrannten Boden in reißenden Strömen abfließt. Deshalb ertrinken tatsächlich mehr Menschen in der Wüste als dort verdursten.« Allerdings habe er auch schon einmal einen Radfahrer gefunden, der halb tot auf dem Sand lag. »Wir legten ihn in Salzwasser«, sagte er, »ehe wir ihm zu trinken gaben. Sein Verdauungssystem hätte das Wasser nicht aufnehmen können, doch seine Haut konnte Feuchtigkeit und Salze verarbeiten.« Die Haut ist das wichtigste Verarbeitungsorgan von Wasser und Luft. Die Klimaanlage sozusagen. Das heißt zwar nicht, dass wir nichts trinken müssen und Wasser nur durch die Haut aufnehmen können. Über die Haut verlieren wir jedoch Wasser durch Schwitzen, Verdunstung, Austrocknung und dieser Mechanismus wird selten wahrgenommen – klar, wenn die Sonne herunterbrennt und wir schwitzen, merken wir schon, dass wir Flüssigkeit verlieren. An einem kühlen Tag können wir durch Wind allerdings genauso viel Wasser verlieren und merken es nicht.

Psoriasis, Schuppenflechte, ist die Hautkrankheit, die uns am meisten klar macht, wie wichtig die richtige Balance von Wasser, Mineralstoffen und festen Stoffen im Körper ist. Wenn wir im Fluss sind, schwitzen, trinken, unsere Gefühle frei fließen lassen, unsere Körperflüssigkeiten nicht austrocknen lassen und immer genug Flüssigkeit nachfüllen, dann ist der Körper ein Ozean, in dem alles schwimmen kann – auch Enttäuschung, Frustration oder Wut. Eltern von Bettnässer-Kindern sollten eigentlich froh sein: Ihre Kinder haben ein feines Radarsystem und die Attacken der Welt haben sie noch nicht so abgestumpft und erstarren lassen, sodass sie noch zu einer fließenden Reaktion fähig sind. Sie vergiften sich noch nicht selbst, sondern können noch loslassen. Manche Eltern legen ihren Kindern Windeln mit einem Warnsystem um, echte Foltergeräte. Sobald Flüssigkeit die Windel berührt, läutet eine Alarmanlage, die erst aufhört, wenn das Kind die Windel abnimmt. Zu der tiefen Traumatisierung, die entsteht, wenn ein Warnton den Tiefschlaf unterbricht, kommt die Demütigung, dass alle anderen auch aufwachen. Wer jemals ins Bett gepinkelt hat, weiß, wie wundervoll das Gefühl ist, es einfach laufen zu lassen und in der warmen Flüssigkeit zu liegen. Da ist noch alles im Lot. Frust wurde abgebaut, Verkrampfungen durften sich lösen. Wenn dann keine Gewaltmaßnahme einsetzt, ist das Bett zwar morgens nicht mehr gemütlich, aber diese Unbequemlichkeit ist schnell behoben und nach einer Weile hört aus genau dieser Unbequemlichkeit heraus das Phänomen von allein auf. Das Kind realisiert die Situation und reagiert irgendwann darauf, vorausgesetzt, es wird dabei unterstützt und nicht unter Druck gesetzt.

Gerade die Körperflüssigkeiten haben es der Zivilisation angetan. Sie gelten als »nicht salonfähig«, als »ordinär« oder peinlich. Wie dieses Ausgrenzen anfing, weiß ich gar nicht. Noch im Mittelalter war öffentliches Urinieren keinesfalls peinlich. In den Dörfern wurde gemeinsam in Badehäusern gebadet und getrunken. Weinen, schreien, aufbrandende Empfindungen waren an der Tagesordnung.

Ich empfinde es in Afrika immer als Erleichterung, dass nicht so ein Wirbel ums Pinkeln gemacht wird. Es ist natürlich. Niemand findet es seltsam oder peinlich.

Die Scheu vor Körperflüssigkeiten könnte mit der spirituellen Energie zusammenhängen, die von Körperflüssigkeiten ausgeht. Gerade Blut und Spucke gelten ja als Träger der spirituellen Essenz eines Wesens. In letzter Zeit experimentieren immer mehr Wissenschaftler mit dieser Essenz, mit der »Intelligenz« von Wasser – was wir weisen Frauen ja schon immer tun, ohne großes Aufheben davon zu machen. Der Spucketropfen einer Person gleicht nicht dem einer anderen; wird er auf eine Glasplatte getropft und trocknet, ergibt jeder Tropfen ein individuelles Muster. Noch erstaunlichere Erkenntnisse gewann der Forscher Köpler, als er verschiedene Mitarbeiterinnen einen Wassertropfen auf eine Glasplatte tropfen ließ:

Auch hier trocknete jeder Tropfen in einem anderen Muster. Eine Laborantin, die kurz zuvor mit einem Handy telefoniert hatte und dann einen Wassertropfen auf eine Glasplatte gab, zerstörte offenbar mit der Energie des Mobiltelefons die Struktur des Wassertropfens. Der Schluss, den die Wissenschaftler aus ihren Wasserexperimenten zogen: Wasser hat ein Gedächtnis (die Molekularstruktur), Wasser reagiert auf Töne, Energien und Stimmungen und Wasser nimmt zu anderen Wassereinheiten Kontakt auf. Es gibt Kommunikation zwischen Wasser im Meer und Wasser im Menschen, Wasser im Labor und Spucke im Mund.

Als in einem Experiment Wassertropfen auf einer Metallscheibe mit Musik beschallt wurden, reagierten die Wassertropfen individuell verschieden wie unterschiedliche TänzerInnen auf einer Discotanzfläche. Dieselbe Musik ließ unterschiedliche Tropfen unterschiedlich tanzen, sich ausdehnen, lang oder breit werden, blubbern, in sich wirbeln. Eine verblüffende Erkenntnis ging durch die Medien: Wasser scheint individuell zu reagieren, je nach dem Ort, an dem es vorkommt, der Stimmung, die dort entsteht, den Menschen oder Tieren, die mit dem Wasser zu tun haben. Es verhält sich energetisch anders, wenn es angeschrien wird, als wenn man es besingt. Daraus kann man leider nur beklemmende Schlüsse ziehen: Wie viele Kinder (mit ihrem noch wogenden, fließenden Ozean aus Spucke, Blut, Pisse, Tränenflüssigkeit, Schweiß, Schleim) werden ständig angeschrien! Wie viele Kinderozeane werden ausgedörrt, verhärtet, erstarren unter dem Druck der Anpassung an die »Zivilisation«? Wie viele Erwachsene sind sich der Meeresqualität ihres Körpers gar nicht mehr bewusst, auch wenn sie gelegentlich salzige Tränen, Schweiß oder Rotz schmecken? Wie viele erwachsene Menschen sind zu harten Strukturgebilden erstarrt? Die Mondrituale der alten Kulturen sollten nicht nur die Mondphasen feiern, sondern auch das Ansteigen und Zurücksinken aller Wasser im Körper und auf der Erde. Vielleicht waren sie auch einfach nur dazu da, alle Flüsse ins Fließen zu bringen, um die Menschen für die feinen Impulse in der Natur aufnahmefähig zu machen.

Das Feuer hilft dem Wasser. Es heizt dem Organismus ein, bis er freiwillig ins Fließen, ins Schwitzen kommt. Ein alchimistischer Prozess im Körper vereint die zwei unvereinbaren Elemente und wird angefacht durch Luft und gehalten durch die erdige Struktur von Knochen, Fleisch und Muskeln. Paradoxerweise kann jedes Element im Körper nur dann vollkommen lebendig sein, wenn die anderen genauso präsent sind. Die Luft, der Atem, entfacht das Feuer, die Körperhitze. Das Feuer bringt das Wasser in Bewegung. Das Wasser umspielt die Erde, den festen Körper, macht die Gelenke weich und beweglich, hält die Bänder elastisch, transportiert die Gifte ab und schaukelt Hirn und Rückenmark in schützenden Wellen von Lumbalflüssigkeit. Um die Feinwahrnehmung alter Zentren im Hirn und im Körper (Haut, Stammhirn, Amygdala, Rückenmark, Nerven, Brustwarzen, Fingerspitzen, Handflächen und Fußsohlen, Bauch) wieder zu erwecken, muss der Körperozean aufgeweicht werden und seinen Rhythmus von Ebbe und Flut aufnehmen können, der sich mit den Mondphasen und den Springfluten der Meere verbindet und in einen gemeinsamen großen Zyklus einmündet.

Ins Herz der Steine

Kristalle machen das Hirn frei, Lapis und Koralle schützen, Rosenquarz ist gut fürs Herz und Babys, die zahnen, sind mit Bernstein gut bedient – jahrelang folgte ich den Anleitungen aus Büchern und Filmen, um mich Steinen zu nähern, obwohl ich als Kind eine ganz andere Erfahrung gemacht hatte. Es waren keine Edelsteine und keine geschliffenen Schmucksteine, die mein Leben begleiteten, mich unterhielten, heilten, mir Gesellschaft leisteten. Steine waren in meine Hände, in meine Taschen gehüpft und hatten mich eine Zeit lang begleitet. Ich spielte mit ihnen, baute ihnen Nester und ließ mich von ihnen trösten. Und nicht die kostbaren Steine waren es, die meine Probleme linderten, es waren Feldsteine, Kieselsteine, unauffällige Steine, die überall zu finden waren und die bis heute kein Standardwerk über die Heilkraft von Steinen beschreibt. Natürlich hat die Wissenschaft inzwischen auch angefangen, die »Heil«wirkung von Steinen, von Meeresversteinerungen und Korallen zu untersuchen. Und genau hier liegt das Problem. Es geht nicht darum, dass wir eine »positive« Wirkung, die Menschen nützt, nachweisen, dass Wesen der Natur nur dann akzeptiert werden, wenn sie nützlich sind und den Menschen auf irgendeine Art helfen. Dieser nutzungsorientierte Zugang zu Pflanzen, Tieren, Steinen und anderen Lebewesen der Natur bringt uns nämlich in der Essenz nicht weiter. Wir lernen sie davon nicht besser verstehen. Und wir werden wieder dort landen, wo wir jetzt schon sind, nämlich bei dem Rätsel, dass es dem einen hilft und dem anderen nichts bringt, warum eigentlich? Es geht nicht um die einseitige Wirkung einer besonderen Kraft, sondern um den Austausch, um die Kommunikation, um den gemeinsamen Tanz, um die Freude, die Ekstase, die Zärtlichkeit, die entsteht, wenn verschiedene Kräfte miteinander kommunizieren.

Ich besuchte meine Mutter und ging trotz wildem Sturm in den Wald spazieren, setzte mich unter einen Baum und wartete, bis der schlimmste Regen vorbei war. Ich wurde mir einer Energie bewusst, drehte mich in die Richtung, von der ich sie spüren konnte, und sah die Kappe eines weißen Steins, der fast vollständig mit Moos zugewachsen war. Während ich ihn freilegte, erinnerte ich mich an den Tag, an dem ich mich im Wald verlaufen hatte. Bei einem Spaziergang mit der Kindergartengruppe und den Klosterschwestern war ich abgehauen und hatte dann den Weg nach Hause nicht mehr gefunden. Der Stein erinnerte mich jetzt daran. Er wischte die Zeit fort und seine uralte Kraft legte alle Ereignisse, alle Gefühle frei, die jetzt nebeneinander, gleichzeitig existieren konnten. Ich lehnte mich an den Baumstamm und legte den Stein in meinen Schoß. Ich kenne dich schon lang, gab mir der Stein durch. Jahrzehnte waren vergangen, für mich eine lange Zeit. Der Stein lag jedoch schon Millionen von Jahren da, was waren ein paar Jahre oder ein Menschenleben für ihn! Ich legte die Fingerspitzen auf die Oberfläche des Steins und tastete mich ins Innere seiner Energie. Ich sah mich als Kind durch den Wald laufen. Ich war noch immer das Kind, und ich war schon damals die, die ich jetzt bin. Der Stein verband mein Leben damals mit meinem Leben jetzt. Ich fühlte mich wie in einer Zeitmaschine. Alles passierte jetzt. Gleichzeitig. Die Oberin mit der gestärkten Halskrause, die Kindergärtnerin, die uns Marmeladenbrote ohne Butter gab. Das Kindergrüppchen in Zweierreihe, Hand in Hand. Und jetzt saß ich hier mit all den Erfahrungen meines Lebens, die durch den Stein in meinen Händen in meine Erinnerung einsickerten und mir das Gefühl gaben, der Stein spiele mir mein Leben wie auf einem Videorecorder vor.

Auf einer Visionssuche in den Schweizer Bergen stieg ich in einem Bergbach auf. Ich wartete auf ein Zeichen, etwas, was meine Gedanken zusammenfassen, meine Fragen irgendwie beantworten würde. Ich setzte mich auf einen großen Stein, um mich auszuruhen. Der Mythos der Steinkönigin Tanna aus den Dolomiten kam mir wieder in den Sinn. Sie hatte die Welt der Steine verlassen, um sich mit einem Menschen-Mann zusammenzutun, den sie liebte. Als sie zu dem Mann kam, hatte der sie allerdings schon vergessen und eine andere geheiratet. »Verlass dich nie auf einen Mann«, hätte meine Mutter dazu gesagt. Ein Beruf und gute Freundinnen sind wichtiger. Als ich noch rätselte, was mir diese Geschichte, diese Überlegungen sagen könnten, wurde meine Aufmerksamkeit auf einen dunklen runden Stein gelenkt. Ich konnte nur ein kleines Stück davon im hellen Lehm des Bachbettes sehen. Ich wollte den Stein hervorholen, aber das ging nicht so mühelos, wie ich gedacht hatte. Ich zog und zerrte – er bewegte sich nicht. Aufgeben wollte ich auch nicht, also grub ich mit einem Stock so lange um den Stein herum den Lehm und die Erde auf, bis ich ihn herausziehen konnte. Ich traute meinen Augen nicht: Er hatte die Form einer weiblichen Büste – Kopf, Schultern, Brüste. Die Steinkönigin. Ich schleppte sie den Berg hinunter und nahm sie mit nach Hause, wo sie meine Steine und Kristalle hütet und sich mit mir über Zeit und Raum unterhält.

Kann Gras träumen?

Spüren Pflanzen Schmerzen, wenn sie wachsen? Sind Marder traurig? Kümmern sich Affen um die Gedanken der Menschen? Leidet die Erde, wenn sie vergiftet wird? Kann man solche Fragen einfach wegwischen und sie als »esoterischen Quatsch« bezeichnen? Ist es nicht genau diese Borniertheit, nur das, was Menschen wahrnehmen, fühlen, erkennen und beweisen, existiere wirklich, die uns unserem Untergang näher bringt? Je tiefer ich einsinke in die feinstofflichen Schichten der Materie, je mehr ich spüren lerne, umso mehr Fragen tauchen auf. Eine Frage stelle ich mir zwar nur noch selten: Wer bin ich und wozu bin ich hier? Doch im Kontakt mit einem Tier oder einer Pflanze wird sie wieder interessant: Wir leben alle auf derselben Erde. Wir Menschen tun so, als gebe es nur eine Art, die Erde, die Welt, die Ordnung der Menschen und die Natur zu sehen.

Natürlich sieht die Sache jedoch ganz anders aus, wenn sich der Blickwinkel verschiebt und die chemischen Prozesse im Hirn anders ablaufen, wenn die Prioritäten andere sind und auch die Bedürfnisse, wenn ein Weltbild durch Düfte, durch Schallwellen, durch Winterschlaf geprägt wird. Und sobald diese veränderte Wahrnehmung im eigenen Hirn ankommt, kommt die Frage noch mal anders daher: Was machen wir hier eigentlich? Es spielt ja keine Rolle, warum wir auf der Erde sind, sondern, was wir daraus machen. Die Frage nach dem Woher und Wohin wird nie befriedigend beantwortet werden können. Es spielt vielleicht auch keine so große Rolle, ob wir schon zwanzig oder tausend andere Leben gelebt haben. Alles muss auch in diesem einen Leben, jetzt, spürbar werden. Mag sein, dass ich einmal eine Heilerin war, wenn sich diese Energie jetzt nicht manifestiert, wenn ich sie jetzt nicht abrufen kann, spielt sie einfach keine Rolle. In dem Film »Men in Black II« soll der ehemalige Agent Kay wieder zurückgeholt werden in die Zentrale der Kommunikation mit Außerirdischen und der Verteidigung der Erde gegen Gefahren aus dem All. Dieser Kay wurde, als er am Ende des ersten Films ausstieg, seiner Erinnerung beraubt. Eine neue wurde ihm suggeriert und mit der lebte er als Postbeamter weiter. Diesen Wirklichkeitsentwurf finde ich genial, denn er entspricht natürlich genau unserer Situation, auch ohne Außerirdische und Gefahren aus dem All. Wie der seiner Erinnerung beraubte Kay tappen wir durch die Welt, beunruhigt und aufgewühlt durch vermeintliche Déjà-vu-Erlebnisse, die in Wirklichkeit Teile un-

serer früheren Geschichte sind. Um diese Geschichte zu beleben, bringt es nicht viel, von vergangenen Reinkarnationen zu träumen. Erst wenn wir es schaffen, die Zäune der konstruierten und wissenschaftlich abgesicherten Realität zu überspringen, ungewöhnliche Wege zu gehen und Erlebnisse, Erfahrungen und Eindrücke nebeneinander zuzulassen, ohne sie als »wertlos« oder »verrückt« zu diskriminieren, haben wir eine Chance, in die Gleichzeitigkeit aller Zeiten und Räume, die Zeit- und Raumlosigkeit des Universums einzutauchen.
Was immer vorher war oder nachher kommen wird: Dieses Leben ist die Herausforderung. Nur jetzt, in diesem Körper und in dieser Lebenszeit besteht die Chance, das Rätsel dieser gegenwärtigen Seinsform zu lösen. Die Frage nach der eigenen Existenz ist ja schnell gelöst. Ich konzentriere mich auf meinen Atem und begleite ihn durch den Körper. Er bewegt meinen Bauch, meine Rippen, meinen oberen Brustkorb. Dehne ich die Fersen vom Körper fort, dann spüre ich die Spannung und den Atem dort. Alles, was ich dehne, wird stärker durchblutet. Ich fühle meine Haut, meine Organe, mein Gesicht, meine Arme und Hände, meine Beine und Füße – das bin ich. Spiralig fließt der Atem durch meinen Körper, spiralig fließt das Blut durch die Gefäße. In einem ständigen Tanz erneuern sich die Zellen meines Körpers – und mitten drin bin ich, wer immer das ist. Was spielt das noch für eine Rolle, wer ich bin und was ich hier soll. Ich bin.

Wie sieht mich diese Spinne, die mir beim Schreiben zusieht? Was kann ihr meine Frage nach dem Sinn des Lebens oder nach der Bedeutung von Menschen auf der Erde sagen? Wie kann so ein Gefühl bei ihr ankommen? Liest sie meine Gedanken? Bin nicht ich es, die sich ihr mit Gedanken nähert, ist sie es, die mich ausforscht? Lenkt sie meine Empfindungen? Beeinflusst sie mein Schreiben, während sie sich quer über die Wand mir nähert?
Wie ich auf diese Idee komme? Einmal verbrachte ich mit meiner kleinen Tochter eine Zeit im Haus von Freunden in Italien. An der Wand über dem Bett saß eine Kreuzspinne. Ich dachte: Wenn sie nur nicht gerade über dem Bett wäre. Von diesem Tag an war sie verschwunden. Als ich an einem Regentag mein Strickzeug aus dem Schrank holte, saß sie in der Wolle. Ich erschrak. Vor allem, weil ich das Gefühl hatte, sie wolle sich mir nähern. Am Abend las ich meiner Tochter etwas vor, da sah ich die Spinne wieder – über dem Bett. Ich trieb sie mit einem Besen in Richtung Tür. Plötzlich stieß sie sich ab und sprang mir auf die Brust. Mein Schrei spiegelte weniger den Ekel vor der Spinne als den Schrecken über den Kontakt, der zwischen uns entstanden war. Ich fühlte mich wie die Prinzessin im Märchen vom Froschkönig. Wie kann ein Tier so insistent sein! Ich fing sie mit einem eingerollten Papier und warf sie vorn bei der Haustür hinaus. Später saß ich mit zwei Freundinnen auf der Terrasse. Ich erzählte von der Spinne.

Eine der Frauen deutete auf die Steintreppe: Da kam die Kreuzspinne hochgekrochen. Die andere Frau hatte in Kalifornien gelebt. Sie sagte: Das ist ganz einfach, du musst sie zertreten. Sie sah, dass ich barfuß war, und stand auf, um es selbst zu erledigen. Ich rief »nein«, aber sie hatte schon den Fuß gehoben. Da sprang die Spinne mit einem unglaublich großen Satz auf meinen nackten Fuß. Diese kurze Fusion mit meinem Geist rettete zwar leider nicht die Spinne, denn diese Frau gab keine Ruhe, bis sie die beunruhigende Präsenz der Spinne vernichtet hatte, für mich wurde sie jedoch zur Einweihung in die telepathische Energie der Spinnen.

Ich begann, mich mit der Kommunikation von Tieren zu beschäftigen, und achtete immer mehr auf die Reaktion von Tieren.

In einem Dokumentarfilm über eine schwedische Schriftstellerin saß die Frau mit dem Gesicht zur Kamera. Ein Hund kam, setzte sich neben sie, und zwar mit dem Rücken zur Kamera. Während ich darüber nachdachte, wie wenig dem Hund eine Kamera oder Fernsehen bedeutet, außer sie wirken über die Menschen, mit denen er lebt, auf ihn ein, sagt die Frau: Was kann man mit einem Wolf machen außer ihn töten? Aber dann sagt sie: Ich habe zwar mehr Verstand als mein Hund, aber was ist meine Wahrnehmung gegen den Geruchssinn meines Hundes.

Frauen lassen sich eher auf die Wahrnehmungen von anderen Wesen ein als Männer. Wissenschaftler wollen nur ihre Untersuchungsergebnisse gelten lassen und denen können oft genug nicht wissenschaftlich arbeitende Menschen gar nicht folgen, also sie auch nicht überprüfen. Umgekehrt folgen die Wissenschaftler nicht gerne den banalen Wahrnehmungen gewöhnlicher Menschen oder allenfalls, wenn sie ihrer wissenschaftlichen Forschung dienen. Viele Testreihen sind nötig, um eine These zu beweisen. Wenn ein Meteorit auf die Erde fällt, geschieht das allerdings nur einmal, es ist nicht in einem Reihenexperiment beweisbar und doch ist es wahr. Es gibt doch sehr viele Ereignisse, die nur einmal geschehen, in Abwesenheit von menschlichen Zeugen vielleicht. Sind sie deshalb weniger wahr?

Schreiner sehen die Welt mit anderen Augen als Informatiker oder Mütter von Kleinkindern. Aber Menschen können im Prinzip ihre Wahrnehmungen einander mitteilen, über Gefahren und Ängste sprechen. Anders ist es mit der Verständigung zwischen Menschen und Tieren oder Pflanzen oder gar »anorganischen« Wesen wie Steinen. »Was wissen wir schon, wie Tiger leben«, sagte ein Forscher in einem Film über sibirische Tiger. »Und was wissen Tiger schon, wie wir leben«, sagte meine Schwester. Die gemeinsame Sprache ist uns verloren gegangen, aber unabhängig davon, ob wir sie verstehen, existiert sie als energetisches Feld zwischen allen Wesen. Die Verständigung glückt nicht etwa, wenn Menschen Papageien zum Zählen dressieren oder Delphinen Sprache

beibringen und sie zum Lohn für geglückte »Verständigung« füttern. Sie glückt da, wo unerklärliche Impulse im Hirn zu Botschaften übersetzt werden.
Ich ging einmal im Winter in den Zoo. Weil es kalt war, mussten die Giraffen in kleinen Räumen im Haus ausharren. Eine Giraffe hatte beim Fressen einen Strohhalm zwischen die Zähne gezogen und schaffte es nicht, ihn aus ihrem Maul zu ziehen. Der Halm irritierte sie. Sie rieb den Kopf an den Gitterstäben und arbeitete mit ihrer Zunge daran, sich von dem Strohhalm zu befreien. Ich stand vor dem Gitter und dachte: Wenn du den Kopf senkst, zieh ich dir den Halm raus. Sie sah mich an, zögerte und senkte den Kopf. Ich zog den Halm heraus. Einen Augenblick lang blieb sie mit ihrem Kopf ganz nah vor meinem Gesicht stehen, dann richtete sie sich auf und ging weg.
Ich möchte verstehen, wie Kommunikation und Interaktion zwischen Wesen der Natur und Menschen entstehen. Was uns von diesen Wesen am meisten unterscheidet und auch entfernt, ist, dass wir keine Zeit haben – was immer das ist. Denn Zeit ist ja immer da, nur warum ist dieser Augenblick jetzt nicht so gut wie die Zeit, die gerade vergangen ist? Warum tun wir so, als sei die Zeit knapp? Warum lassen wir uns in dieses Zeitkorsett einschnüren oder tun es sogar selbst? Für wichtige Dinge?
Im Umgang mit Tieren, Pflanzen, Steinen oder den Elementen gibt es keine wichtigen Dinge, die nicht warten können. Hast du keine Zeit, kommt keine Ver-

bindung zu Stande, ganz einfach. Um die Energie einer Pflanze zu verstehen, lasse ich mich zuerst auf die sinnlich wahrnehmbaren Zeichen der Pflanze ein. Wie sieht sie aus, wie fühlt sie sich an, wie riecht sie, wie schmeckt sie, welche Geräusche entstehen.

Giftpflanzen machen die Entschlüsselung der Energie leicht. Viele Menschen bekommen zum Beispiel heftigen Ausschlag, wenn sie Schierlingsblätter oder Herkulesstauden berühren. Und genauso wie sich ein von der Pflanze ausgehendes Gift mit dem menschlichen Körper verbinden, eine Art Kommunikation eingehen kann, stellen auch andere Pflanzenenergien einen Kontakt her, der eben nicht mehr so leicht nachzuweisen ist. Ich meine damit nicht Heilwirkungen, die gibt's natürlich auch. Ich meine die feinstoffliche Energie der Pflanze, die sich bei einer Begegnung mit der feinstofflichen Energie eines Menschen verbindet. Die mit Sinnen kaum wahrnehmbare Essenz der Pflanze lässt sich auf der Haut nieder, strömt durch Nase, Mund und Poren in den Körper ein und gibt Informationen ab, provoziert das Körperuniversum – etwa durch Gestank oder wie bei der Brennnessel durch Reizung der Haut – oder wirkt euphorisierend, erheiternd, weil ihre Energie sich mit der des Körpers auf vollkommene Weise verbindet, mit ihr wirbelt und tanzt und dadurch ein Gleichgewicht herstellt. Selbst die alternative Medizin und Kräuterheilkunde geht natürlich von einem Konzept aus, in dem der Mensch im Mittelpunkt steht und geheilt werden soll. Zu diesem Zweck werden geeignete Kräuter gepflückt, getrocknet und zu Heilsubstanz verarbeitet. Spannender wird die Begegnung mit einer Pflanze allerdings, wenn sie lebt und deshalb Kommunikation möglich wird. Vielleicht geht es ja gar nicht um die Heilung einzelner Menschen, sondern um das Gleichgewicht zwischen Menschen und den anderen Wesen auf dieser Erde und im Universum.

Ich werde oft gefragt, wie man sich denn ein Gespräch mit einem Stein oder mit einem Baum vorstellen soll. Hinter so einer Frage lauert die Furcht, für verrückt gehalten zu werden, wenn man es versucht. Denn so offen und aufgeklärt sich unsere Gesellschaft auch gibt, die Grenzen des Möglichen sind schnell erreicht. Was nicht bewiesen wurde, gibt es nicht. Mag auch die Toleranzschwelle für Gewalt immer weiter zurückweichen, für das so genannte »Übersinnliche« gibt es kein Pardon. Wer sich damit beschäftigen und damit im ursprünglichen Sinne wissenschaftlich arbeiten, also Erkenntnisse gewinnen will, braucht große Gelassenheit und ein unerschütterliches Selbstwertgefühl. Und Geduld. Denn es sind nicht nur Angriffe von »realistischen« Menschen, die diese Forschung schwer machen, es gibt zudem kaum Bestätigung und keine Sicherheit, was die eigenen Beobachtungen und Wahrnehmungen betrifft. Kommunikation mit Wesen der Natur bewegt sich im energetischen Raum und ist von der eigenen Übersetzungsfähigkeit abhängig. Und die müssen wir ja auch erst lernen: Stille ertragen, die eigenen Gedanken fließen lassen, ohne sich an ihnen zu beteiligen, alle Sinne wach einsetzen, die Botschaften der Sinne aufnehmen und Schlüsse daraus ziehen, die Erkenntnisse wieder loslassen, tiefer einsinken in die Energie, die von einer Pflanze, einem Tier ausgeht. Absichtslos da sein, alles geschehen lassen. Manchmal heißt das auch, die Augen schließen und die anderen Sinne intensiver einsetzen. Wenn die Sinne wach und lebendig sind, wenn der Körper gut durchblutet, die Lungen, alle Zellen und die Haut mit Sauerstoff durchlüftet sind, brauchen wir den mythischen sechsten Sinn gar nicht. Der wache Körper strahlt Energie aus, die von anderen Wesen gelesen, zurückgegeben wird. Und dann braucht es nur noch eine lebhafte Fantasie, um die Botschaften zu entschlüsseln.

So ging ich einmal in Südalgerien durch ein sandiges Tal im Tassili Gebirge. Ich fühlte eine starke Kraft, die mich zu rufen schien. Ich fand ein frühgeschichtliches Steingrab, setzte mich und nahm Kontakt zu den Energien dort auf. Als ich zurückgehen wollte, hatte der Wind meine Fußspuren verweht. Plötzlich sahen alle Felsen gleich aus. Jeder Einschnitt schien der zu sein, in dem unser Auto stand. Ich blieb stehen, um mich nicht zu verirren. Dann schloss ich die Augen. Der Sand unter meinen nackten Füßen begann mich zu führen. Meine Ohren schienen größer und weiter zu werden wie Satellitenschüsseln. Meine Nase dehnte sich nach vorn aus, um jeden vertrauten Geruch zu erfassen. Meine Haut fühlte sich an wie ein Netzwerk aus Impuls-Anlegestellen. Langsam setzte ich mich mit geschlossenen Augen in Bewegung. Der richtungsweisende Impuls schien aus der Erde in meine Füße zu fließen. Nach einiger Zeit nahm ich einen minimalen Hauch von Dieselgeruch wahr. Als ich die Augen öffnete, konnte ich das Auto sehen.

Der Traumzeitschalter

Die Ratten liefen verzweifelt in ihren engen Käfigen auf und ab, jede Ratte in ihrem eigenen kleinen Gefängnis. Die Wissenschaftler beschallten sie mit unerträglichem Lärm und elektronischen Geräuschen. Zuvor waren die Ratten von den Wissenschaftlern mit Tumoren krank gemacht worden, weil die herausfinden wollten, wie die Selbstheilungskraft im Körper funktioniert. Diese Szene spielt sich in einer Zeit ab, in der Wesen zerstört werden, um wissenschaftliche Erkenntnisse zu ermöglichen, in der Menschen begonnen haben, nicht nur andere Menschen zu vernichten, sondern auch die Grundlagen, die für menschliches Leben notwendig sind. Von der Traumzeitkraft weit entfernt, gilt nur noch das Recht des Stärkeren. Unwidersprochen durfte ein Professor Barnard einem verunglückten afrikanischen jungen Mann, den er für »nicht mehr lebensfähig« erklärt hatte, das Herz herausschneiden und es einem weißen Greis einsetzen. Unbekümmert konsumieren betuchte Kunstfreunde den Rest afrikanischer oder asiatischer Kunst, nachdem die Lebensgrundlage der Menschen in Afrika und Asien durch das Eingreifen westlicher Machthaber weitgehend zerstört wurde. Das Prinzip scheint zu sein: zerstören und die wenigen überdauernden Reste des Zerstörten als seltene Kostbarkeit konservieren. Auf allen Gebieten wird es so gemacht, ob es sich um Zootiere, um Stammeskunst oder Medizinpflanzen, um Bräuche, Traditionen oder aussterbende (weil ausgerottete) Ethnien handelt.

Zurück zu den Ratten, die eine erstaunliche Wahrheit zutage fördern: Alle Ratten litten bei dem beschriebenen Experiment unter extremem Stress, der natürlich dem Stress, dem Menschen in großen Städten mit anstrengenden Berufen ausgesetzt sind, nicht unähnlich ist. In einem der Einzelhaft-Käfige befand sich ein Schalter. Mit diesem Schalter konnte die Lärmbeschallung abgestellt werden. Die Ratten wurden über Sensoren und Elektroden ständig überwacht. Der Pegel der Stresshormone, die Aktivitäten des Immunsystems, die Bildung von Antikörpern – alles wurde aufgezeichnet. Die Ratte in dem Käfig mit dem Schalter fand schließlich heraus, dass dieser Schalter den Lärm für alle abstellte. Sie betätigte ihn. Aber während ihr Immunsystem zu Höchstform auflief und sie den Tumor überlebte, starben die anderen Ratten, obwohl sie nun Ruhe hatten. Es schien, als aktiviere nur die Ratte ihre Abwehrkräfte, die selbst etwas gegen die Belastung tun kann. Eigentlich ist dieses Experiment völlig überflüssig, denn das Gleiche kann man bei Menschen beobachten. Wer ferngesteuert leben muss, verliert eigene Lebenskraft. Interessant ist dieses Experiment nur aus einem Grund: Zum ersten Mal vielleicht geben Wissenschaftler zu, dass Freude, Glück, Erleichterung, Eigenmacht, Ekstase eine Wirkung auf die Körpersubstanz haben. In einem anderen Experiment wurde eine Schauspielerin auf die Reaktion ihres Immunsystems untersucht, nachdem sie Trauer, Leid, Verzweiflung gespielt hatte. Ihre Abwehrkräfte sanken gegen null, während sie nach einer Szene, in der sie Freude, Jubel, Ekstase spielte, hochschnellten.

Das bedeutet, dass ein Glücksmantra, ein Heilungsmantra, ein Friedensmantra, ständig gemurmelt und dem Traumzeitkörper gefüttert, sehr wohl Auswirkungen auf den physischen Körper haben können. Es bedeutet auch, dass ein uraltes Gesetz der Magie wirksam ist: Was du rufst, kommt.

Ich habe die Beobachtung gemacht, dass ich zwar gesund werde, wenn ich behaupte, dass ich mich selbst heilen kann, dass ich aber auch krank werde, wenn ich behaupte, dass ich krank bin. Wenn ich lüge, um mich einem Termin zu entziehen, wird diese Lüge unangenehme Wirklichkeit. Da ich mein Koordinatensystem auf die Wirksamkeit meiner Wünsche und Worte eingestellt habe, kann ich diese Wirksamkeit nicht einfach ausblenden. Andererseits beobachte ich, dass diese Traumzeitverbindung stärker wird, je mehr ich sie in meinem Leben aufsteigen lasse, und dass ich sie in anderen Menschen, Pflanzen, Tieren erkenne und mich mit dieser Traumzeitenergie überall verbinden kann. Allerdings gibt es schon Situationen, in denen die Traumkraft zurückweicht und die Alltagspersönlichkeit von der magischen getrennt wird. Wenn ich mich von außen unter Druck setzen lasse, wenn ich meine innere und äußere Balance von der Anerkennung anderer abhängig mache, wenn ich mich durch Kritik, Häme oder Aggression beeindrucken lasse. Dann war der Zugang zur Traumzeitkraft schwierig, denn wir leben ja ständig mit Impulsen, Vorgaben, Verboten, Anweisungen, die die Traumzeit als »Einbildung« ausgrenzen.

Für eine Kindersendung im Bayerischen Rundfunk kam eine Radioreporterin mit einigen Kindern zu mir. Wir unterhielten uns über Magie, ob es die überhaupt gibt und wie sie wirkt. Zwei der Kinder waren sehr skeptisch. Ein Mädchen hatte überhaupt kein Problem damit. Eins der skeptischen Mädchen erzählte, dass ihre Katze weggelaufen und sie deshalb sehr traurig sei. Sie wollte wissen, ob magische Rituale helfen könnten, die Katze wieder zurückzuholen. Ich riet ihr, die Katze zu rufen. Nicht nur mit der Stimme, sondern auch in der Fantasie. Sie solle sich ganz stark auf ihre Katze konzentrieren und ihr ihren Kummer erklären. Etwa eine Woche später rief mich die Reporterin an und rief begeistert aus: »Die Katze ist zurückgekommen.« Wie das denn geschehen sein könnte, wollte sie wissen. Ich musste lachen. »Na ja, wie ich gesagt habe: du rufst sie und sie kommt, wenn sie nicht einen guten Grund hat fortzubleiben.«

Wenn es so einfach wäre – höre ich dann oft. Ist es weniger wert, weil es einfach ist? Du machst es dir leicht, wird mir dann vorgeworfen. Schwer werde ich es mir machen! Von der ägyptischen Göttin Maat gibt es den Mythos, dass sie das Herz der Verstorbenen mit einer Feder aufwiegt. Ist das Herz schwerer als die Feder, kann die gestorbene Person nicht bestehen.

Maat interessiert sich nicht für all die Gelegenheiten, bei denen wir uns aufgeopfert haben, für die Erlebnisse, die uns das Herz schwer machten. Sie will wissen, wo wir beherzt getan haben, was wir tun konnten, und uns dann leicht und frei wieder auf den Weg machten.

Nicht Rechtfertigungen und Entschuldigungen zählen am Ende, sondern die Erkenntnis: Ich habe es so gemacht, wie ich es verstand, und alle Fehler habe ich mir längst verziehen. Denn wer sollte Maat wohl sein, als die eigene Gerechtigkeits-Instanz, die den letzten Augenblick des Lebens prüft. Frei und glücklich gehen kann wohl nur, wer sich nichts übel nimmt und leichten Herzens Abschied nehmen kann von dieser Welt, die Himmel und Hölle zugleich ist.

Reise durch den Körper

Es regnete. Ein trüber Tag sickerte in mein Leben ein. An solchen Tagen mache ich die Post oft nicht auf, weil ich die Wirkung des Sympathiezaubers kenne: Gleiches zieht Gleiches an. Ist die Stimmung schon mal auf dem Tiefpunkt, kommt meistens gleich noch ein Hammer dazu. In diesem Fall war's ein Brief vom Finanzamt und eine Rechnung für etwas, was ich ganz bestimmt weder bestellt noch bekommen hatte. Die fremde Energie eroberte mein Hirn und ich konnte nicht mehr klar denken – da fiel mir auf, dass ich kaum noch atmete. Etwas Luft strömte noch ein und aus, aber ich verlor den Kontakt zu meinem Körper und schickte meine ganze Lebensenergie in eine Blase, die wie in einem Comic von meinem Hirn ausging: Das Geld, das ich zahlen soll, habe ich einfach nicht.

Ich realisierte, dass meine Finger kalt wurden, erinnerte mich, dass kalte Füße und kalte Hände ein Symptom für Schock sind, und dachte, wie viele Frauen wohl ständig unter Schock stehen, ohne es zu wissen. Während der Fluss meiner Gedanken, durch eine Summe ersetzt, einfror, fiel mir wieder auf, dass ein gelähmter Körper zwar dem Hirn nicht die Fähigkeit zum Denken nimmt, dass aber sehr wohl eine Lähmung der Gedanken den Körper unbeweglich machen kann.

Wenn es dir gelingt, das richtige Wort zum richtigen Zeitpunkt zu sagen, brauchst du überhaupt keine Körperkraft einsetzen, um dich, sagen wir, zu verteidigen. Wer die Gedanken anderer kontrolliert, kontrolliert auch ihre Bewegungen. Werbung und Politik arbeiten nach diesem Prinzip. Die Funktionen des Körpers unterliegen der Software im Hirn und nicht unbedingt nur der bewussten. In unsere Körper wird jede Menge Software eingegeben, von der wir keine Ahnung haben. Traditionen gehören dazu, Familienstrukturen, Verhaltenscodes und natürlich all die schmerzhaften Eingaben, die das Hirn so verborgen abspeichert, dass wir oft ein Leben lang keinen Zugang mehr dazu haben, aber sehr wohl von ihnen beeinflusst, ja gesteuert werden können.

Wenn also eine Situation entsteht, die für einen Augenblick lang den ganzen Körper einfriert und das Koordinationszentrum Hirn ausschaltet, schnellen die verborgenen Eingaben hoch und legen alles lahm, was wir gelernt haben, was wir für richtig halten. Die alte Dressur kommt durch und zwingt uns unter ihren Befehl. Wenn ich also bei der Lektüre einer Steuerschätzung den Atem anhalte, starr vor Schreck mit geweiteten Augen alles ausblende, was in meinem Leben wunderbar ist, und meine Gedanken nicht mehr kontrollieren kann, weil sie immer nur rappen: Ich bin ruiniert, ich bin ruiniert! Dann kommt eine ganz archaische Seite der menschlichen Körper-Geist-Verbindung zum Vorschein: Die Energie steuert den Körper. Die Muster, die die Energie entwirft, führt der Körper aus.

Um den Mustern auf die Spur zu kommen, gehe ich den Weg durch den Körper. Der Körper erinnert sich an alles und weckt auch die Erinnerung im Hirn wieder. So viel Zeit muss sein: Ich lege mich auf mein Fell auf den Boden, die Beine ausgestreckt, etwas weiter als hüftbreit auseinander fallend. Als ich noch verspannter war, rollte ich mir eine Decke unter die Kniekehlen, so konnte der untere Rücken am Boden liegen und tat mir nicht weh. Die Arme liegen etwas vom Körper entfernt ausgestreckt mit den Handflächen nach oben. Ein gerolltes Handtuch kann den Nacken stützen, ein Kopfkissen wäre bei der Reise durch den Körper eher hinderlich, weil es den Nacken leicht dehnt, und der Körper soll ja ganz entspannt sein.

Den Kopf drehe ich mit dem Einatem nach links, mit dem Ausatem wieder in die Ausgangsstellung und dann einmal nach rechts und zurück. Jetzt ist mein Körper von der Anspannung des Alltags mit seinen kleinen Schocks, Demütigungen und Enttäuschungen weitgehend befreit und wenn ich mich an diesem Punkt frage: »Wer bin ich, was soll ich hier?«, dann gibt mein Körper nur eine Antwort: »Du bist da!« Ich atme bewusst ein und aus und entspanne mich noch tiefer. Ich wandere mit meinen Gedanken fort von Steuererklärungen, Terminen, Geldknappheit und ähnlichen Papiertigern (das Wort Papiertiger wurde in der chinesischen Kulturrevolution für Kräfte geprägt, die einer beherzten Handlung nicht standhalten). Meine Aufmerksamkeit spielt jetzt mit meinen Zehen. Ich bin überrascht, wie lebendig sie werden, wenn ich sie nicht komplett ignoriere, wie ich das oft genug an einem normalen Arbeitstag tue. Ich fühle mich in den Rand der Zehennägel, in die Zwischenräume zwischen den Zehen, in die Zehenspitzen und in die Fußballen. Ich nehme die Ferse wahr, neuerdings der Lieblingsruheort meiner Gedanken – wenn ich nichts zu tun habe, setze ich mich in meine Fersen und versuche, die Welt von dort aus wahrzunehmen. Hochinteressant! Ich taste mit meiner Aufmerksamkeit die Fußsohle ab, die so informativ ist wie die korrespondierende Handfläche. Sowohl in den Handflächen als auch in den Fußsohlen gibt es Zonen, die mit den Organen im Körper verbunden sind. An den Seiten der Zehen und Finger laufen die Meridiane entlang, nach der chinesischen Medizin sind das Energielinien, die, wenn sie stimuliert werden, die Energie des Körpers in Fluss bringen und so verbessern können.

Ich wandere mit liebevoller Aufmerksamkeit zu den Fußknöcheln und weiter nach oben zu den Waden, den Kniekehlen, den Oberschenkeln und widme dem

Quadrizeps und der Beckenbodenmuskulatur etwas mehr Zeit. Mit diesen Muskeln habe ich eine wirklich spannende Erfahrung gemacht: Bei den meisten Frauen sind sie recht schlapp, obwohl sie hart arbeiten und sich viel bewegen. Wenn sie ein Problem mit ihrem Bauch haben, entwickeln sie lieber Essstörungen als gesteigerte Aufmerksamkeit für den Beckenboden. Depression, Traurigkeit, Unzufriedenheit mit dem eigenen Leben wirken sich auf die Muskelspannung zerstörerisch aus. Ohne Motivation keine Muskelkraft.

Sind die Muskeln in den Oberschenkeln, im Po, im Beckenboden und im Bauch jedoch nicht lebendig, dann beginnt ein Teufelskreis: Der untere Rücken muss die Arbeit dieser eigentlich sehr stark angelegten Muskeln tun. Es kommt zu Ausweichhaltungen, die beliebteste ist das Hohlkreuz. Die Schwerkraft, die immer zuverlässig ihre Arbeit tut, bleibt auch hier nicht untätig: Sie zieht an den inneren Organen, am Beckenboden und hat leichtes Spiel, weil die Muskeln keinen Einspruch erheben. So kommt es zu Absenkungen der Gebärmutter, zur Erschlaffung des Beckenbodens und im fortschreitenden Alter zu Inkontinenz – und das ist noch die harmloseste Folge eines Lebens in einem Körper, der aufgegeben wurde.

Wie kommt es dazu, dass wir die am stärksten angelegten Muskeln boykottieren? Die Antwort fand ich in meiner eigenen Geschichte: sexuelle Übergriffe. Die eingegebene Software dominiert die Funktionen des Körpers. Übergriffe auf den kindlichen Unterleib haben nach meiner Erfahrung und nach meiner Forschung bei anderen Frauen (und Männern) zur Folge, dass die Muskeln in diesem Bereich nicht mehr aktiv versorgt, herausgefordert werden, dass der Körper verlassen wird. Der Übergriff hat ein Fremdprogramm eingeschoben: Du kannst dich nicht wehren. Dein Unterleib ist für dich Sperrzone, du musst dich tot stellen. Ende der Muskellebendigkeit.

Die Frage, wer bin ich, entwickelt hier eine irritierende Brisanz. Die moralische Forderung, einem Mann treu zu sein, wirft bei einem Spaziergang durch den Körper plötzlich die Frage auf: Wie treu bist du dir eigentlich selbst? Welche Gedanken steuern deine Muskulatur? Wo kneifst du? Wo schlaffst du ab? Wo flüchtest du vor deiner eigenen Kraft? Und vor allem: Wie gut kennst du dich eigentlich selbst? Es ist leider fatal, aber auch in Kursen, die eigentlich den Körper befreien sollten, wie z. B. Yoga, Rückenschule, Selbstverteidigung, entsteht oft eine Atmosphäre von Ehrgeiz, Neid, Scham, Minderwertigkeitsgefühl und Komplexen, weil die KursleiterInnen auf Leistung drängen, anstatt das gute Körpergefühl zu fördern, und weil wir uns mit anderen vergleichen, anstatt immer radikal bei uns selbst zu bleiben. Wenn ich beim Yoga nach rechts und links schaue, wie es die anderen machen, werde ich an die wichtigste Wahrheit erinnert: Der Geist führt den Körper. Wird der Geist gelähmt, sackt der Körper in sich zusammen. Können alle anderen etwas sehr gut und ich kann es nicht gut und vergleiche mich, dann lähme ich meine Körperkraft und meine Fähigkeit zu lernen. Bleibe ich ganz bei mir, dann spüre ich die Herausforderung und habe Lust, die Grenzen kennen zu lernen und auszudehnen.

Je öfter ich durch meinen Körper wanderte, umso näher kam ich mir und das klingt wirklich ein bisschen verrückt. Kann man irgendetwas oder jemandem näher sein als sich selbst und dem eigenen Körper? Ja. Wenn die Gehirnwäsche gelingt, sind die Gedanken bei den Eltern, beim Ehemann, bei den Nachbarn – überall, nur nicht da, wo sie entstehen, nämlich im eigenen Hirn, bei den eigenen Bedürfnissen, bei den eigenen Gefühlen. Der Beweis? Suchtstrukturen. Wozu bräuchte jemand Alkohol, Zigaretten, Aufputschmittel, Tranquilizer, Glückspillen, Essanfälle, wenn das Gleichgewicht zwischen Körper, Geist und Seele, zwischen Energie und Materie balanciert wäre?

Meine Reise durch den Körper ist nicht nur wie eine Betriebsbesichtigung der Firmenleitung. Sie ist eine Vernetzung der Energie des Hirns mit der Energie jeder Zelle, frei von Ansprüchen und Forderungen an den Körper. Von unten nach oben beginnen jetzt alle Zellen zu lächeln und ich wandere mit dem Strom des Blutes. Spiralig dreht sich das Blut in den Gefäßen zum Herzen, wird vom Herzmuskel durchgeschleust und fließt wieder ab. Wo bleibt der Sauerstoff? Eben. Atmen. Der glückliche Körper braucht diese Erinnerung nicht. Doch welcher Körper ist schon glücklich? Es ist beruhigend, dass zwar der glückliche Körper völlig selbstverständlich gut versorgt wird, aber der umgekehrte Weg genauso gut funktioniert: Bewusste Versorgung des Körpers mit Sauerstoff, Flüssigkeit und wertvoller Nahrung kann ihn glücklich machen. Klappt es mit der Glückssubstanz im Hirn nicht, dann muss sie eben durch den Körper aufgebaut werden. Das Ergebnis ist das Gleiche: vollkommene Glückseligkeit.

Ich folge dem Strom des Atems. Wenn ich vergessen habe, wie der Atem durch meinen Körper strömt, lege ich die Hände eine Weile auf den Bauch und beobachte die Atembewegung, die entsteht, dann lege ich sie auf die unteren Rippen und beobachte auch hier, wie der Brustkorb sich ausdehnt und einsinkt und zum Schluss lege ich die Hände über den Brüsten unter den Schlüsselbeinen ab und beobachte auch hier, wie der Atem den oberen Brustraum bewegt. Dann lege ich die Arme wieder neben dem Körper ab und bleibe mit der Aufmerksamkeit beim Atem: Wie fließt er ein, wie fühle ich die Atemauswirkungen in den Extremitäten? Und wenn ich beim Einatmen mit der Muskulatur spiele, zum Beispiel die Zehen in Richtung Körper anziehe oder die Arme und Hände etwas strecke, kann ich spüren, wie der Atem sich dort ausbreitet.

Gemächlich fließen meine Gedanken mit dem Atem durch die Wirbelsäule, den Körper, die Arme und Hände steigen auf zum Nacken und ins Hirn. Es ist wirklich eine interessante Entdeckung, bewusst im eigenen Kontrollbereich anzukommen, mit dem Atem entspannt in alle Hirnzellen zu fließen und den Gedanken zuzusehen, wie sie vorbeiziehen, ohne durch irgendeinen Befehl oder eine Umklammerung daran gehindert zu werden. In dieser Körper-Ruhe werden die lebensnotwendigen Funktionen des Organismus gelassen aufrechterhalten, während alle aufgeblasenen, wichtigtuerischen, scheinbar notwendigen, aber im Grunde überflüssigen Befehle fallen gelassen werden. Später vielleicht, später muss ich mich mit allem wieder auseinander setzen, doch nicht jetzt, in diesen zehn oder zwanzig Minuten, die ganz allein meinem Körper, meinem Energiefeld, meiner Entspannung gehören.

Wer bin ich? Stellt sich die Frage überhaupt noch? Ich bin Atem, der wirbelnde Fluss meiner Körperflüssigkeiten, tanzende Zellen, durch Energie zusammengehalten.

»Ich kann mich aber gar nicht entspannen«, sagt eine Freundin. »Ich spüre den Unterschied zwischen Anspannung und Entspannung nicht mehr, es ist, als ob ich ständig unter einer gewissen Grundspannung stehe.« Die Lösung ist einfach und billig: ein Springseil. Seilhüpfen, bis zur Atemlosigkeit. Rennen oder Tanzen ist auch nicht schlecht. Ich kenne bisher keinen einzigen Menschen, der sich danach nicht entspannen kann. So mächtig der Kopf ist – gegen einen schwitzenden, gut durchbluteten Körper, der den Pulsschlag wieder verlangsamen will, kommt auch das verkrampfteste Hirn nicht an. Wenn die Gedanken in einer Suchtstruktur kreisen, immer wieder dieselbe sinnlose Station anlaufen, zu keinem Ergebnis kommen und die Frustration nur immer wieder neue Anläufe produziert, ist die Konzentration auf den Atem vielleicht das einzige Mittel, aus dem zerstörerischen Gedankenkreislauf auszubrechen. Atmen kann jeder Mensch? Jeden Tag versuche ich, einen Atemzug durch den Körper zu begleiten, und zwar vom Beginn der Einatmung bis zum letzten Rest der Ausatmung. Bis jetzt habe ich es noch nicht geschafft, einen einzigen Atemzug durch den ganzen Körper zu begleiten. Und weil man ja tatsächlich überall atmen kann, wird das Leben eben nie langweilig.

Der kostbare Augenblick

Es war auf dem Oktoberfest in München, ich war vielleicht sechs Jahre alt und war mit meiner Lieblingstante zum Festzug gegangen. Die Brauereien zogen mit ihren Wagen durch die Straßen. Hinter einem Wagen gingen Frauen in Dirndlkleidern, die Obst in großen Körben trugen. Sie lachten und hielten die Körbe einladend dem Publikum entgegen. Ich ging zu einer der Frauen und nahm mir Trauben. Ich hatte die Geste so verstanden, dass sie uns Obst anbieten wollten. Da fing die Frau an zu schimpfen, was mir einfiele, einfach Trauben zu stehlen. Ein paar Frauen am Rand der Straße kamen auf mich zu, nahmen mir die Trauben weg und sagten mir, was meine Mutter nie zu mir gesagt hätte, nämlich, dass ich eine ungezogene Rotznase sei. Irgendwo lachte jemand. Meine Tante nahm mich an der Hand und zog mich weg. Ich wollte sterben. Ich hatte noch nie Trauben gegessen und war mit der Doppeldeutigkeit von Botschaften nicht vertraut. Und ich schämte mich. Wie konnte ich so blöd sein? Wie konnte ich die Welt nicht verstehen? Ich kannte ja nichts davon. Ich lebte in einem kleinen Ort, wo das größte Ereignis eine Überschwemmung war, bei der wir mit einer kleinen Kinderbadewanne über den Marktplatz ruderten.

Die Welt hatte mir einen Schlag verpasst und ich wusste nicht, wie ich den Verlust meiner Würde auffangen sollte. Ich fragte Elisabeth. Sie lebte auf dem Dach einer Polsterei und war mein Schutzengel, ein Geistwesen. Ich besprach mit ihr alle Sorgen meiner Kindheit. Sie sagte: »Was soll's. Die Frau hat dir Trauben angeboten. Du hast sie genommen. Vergiss es. Die Leute reden dumm daher, trauen sich nichts und haben keine Ahnung. Aber du hast doch eine Ahnung.« Ja, das stimmte. Ich hatte auf ein Zeichen reagiert und war an einen entscheidenden Punkt meines Lebens gekommen: Demütigung. Wer kennt sie nicht! Wer war noch nie dieser Implosion der eigenen Energie ausgesetzt. Um sie zu vermeiden, um sich dafür zu rächen, wird gelogen, betrogen, gemordet. Dabei ist der Zustand der Niederlage, des Versagens, der Blamage, der Peinlichkeit, der Demütigung in einer magischen Einweihung der springende Punkt. Dieser Energie, dem dunklen Spiegel, dem totalen Gefühlschaos, dem aufgewühlten Meer der Seele muss sich jede Person stellen, die hinter das Gewebe der Welt blicken will, dorthin, wo es vernäht ist, dorthin, wo die wahre Essenz aller Wesen verborgen ist und die wahren Beweggründe sich offenbaren.

Die Einweihung in meine tiefste Niederlage kam, als ich ein Theaterstück schrieb und es am Werkraum der Münchner Kammerspiele inszenierte. Keine Frau hatte dort inszeniert und kein Stück einer Frau war bis dahin gezeigt worden. Dass ich da durchbrechen wollte, hatte nicht nur politische Gründe. Ich war auch eitel. Es war ein Durchbruch in jeder Hinsicht. Das Stück wurde zerfetzt, immerhin bundesweit mehrspaltig. Ich hatte mich mit diesem Monolog einer Putzfrau sehr exponiert, es war ein feministisches Stück. Na ja, es war auch innerhalb der Frauenszene umstritten, sagte mir eine Kunstberaterin. Doch darum ging es gar nicht. Ich hatte etwas gewagt und getan, was um ein Haar meine Kraft gebrochen hätte. Ich wusste nicht, wie man mit Verrissen in allen Zeitungen umgeht. Ich saß am Wirtshaustisch, umgeben von FreundInnen, wir lasen die Besprechungen und ich bekam keine Luft mehr. Ich war in aller Öffentlichkeit exekutiert worden. Mit dieser Demütigung in allen Fasern meines Körpers ging ich nach Hause und dachte darüber nach, was das eigentlich bedeutet. Es ist abstrakt. Ich hatte zu essen, ich hatte ein Dach über dem Kopf, meine Tochter, meine Familie, meine Freunde waren da. Was hatte ich schon verloren?

»Wenn der erste Schritt nicht gelingt, musst du den zweiten gar nicht mehr machen«, sagte mir ein Theaterregisseur, »so ist das im Kulturbetrieb.« Doch ich spürte, dass es wichtig ist, auch nach dem misslungenen Schritt den nächsten zu machen. Ich saß in meinem Kreis aus Steinen und sank in die Demütigung. Ich bin erledigt. Ich bin blamiert, ich kann mich nirgends mehr blicken lassen. Dann dachte ich, es ist nur ein Theaterstück, was soll's.

Eine Woche später traf ich einen alten Schulfreund. Er sagte: »Du hast doch neulich ein Stück uraufgeführt (hohles Gefühl in der Magengrube, bitte nicht!), das ist doch so euphorisch besprochen worden!« Ich starrte ihn mit offenem Mund an. Euphorisch? Er konnte sich nicht mehr genau erinnern. Klar. Für ihn bedeutete es ja nichts. Er hatte meinen Namen gelesen, er kannte mich, hatte die Kritik überflogen, vielleicht gar nicht richtig wahrgenommen. Das war der Augenblick, in dem ich die Botschaft dieses Lernprozesses zu verstehen begann: Du hast etwas gewagt, es ist nicht geglückt, aber du hast es gewagt. Du hast getan, was du tun wolltest. Jetzt musst du genauso beherzt mit allem umgehen, was daraus folgt. Ich bewarb mich mit den Verrissen für ein Stipendium beim Deutschen Literaturfonds. Ich bekam es.

Leben heißt, sich diesem tiefsten Punkt stellen. Hauffs Märchen vom Zwerg Nase ist deshalb eine meiner Lieblingsgeschichten. Der kleine Jakob wird von einer mächtigen Zauberin verschleppt, er geht bei ihr in die Lehre und soll mit all seinem Zauberwissen nicht der King des Jetset werden, sondern ein verantwortlicher Weiser, deshalb hat er diesen dürren Hals und diese lange Nase. Zwar wird er von allen verspottet, aber seine Kochkünste sind derart genial, dass die Menschen vergessen, wie lächerlich er aussieht. Die Initiation: Er konfrontiert die Menschen mit der wahren Essenz des Lebens oder vielmehr, die Zauberin tut das. Sie zwingt ihn, sich seiner Essenz zu stellen, und zwingt die Menschen, die ihm begegnen, hinter den äußeren Schein zu gehen und sich mit der lebendigen Kraft der Magie zu konfrontieren. Zum richtigen Zeitpunkt kann die Rückverwandlung stattfinden. Ende der Demütigungen, Ende der dunklen Zeit. Aber: seine Eltern erkennen ihn nicht mehr. Er war zu lange fort. Und da liegt auch eine Quintessenz spiritueller Einweihung: Wir kommen bei uns selbst an und nicht dort, wo uns die Eltern hindrängen wollten. Und noch eine Wahrheit ist in diesem kostbaren Augenblick der dunkelsten Nacht enthalten: Jammern hilft nichts. Mit Jammern und Rechtfertigen, Anschuldigen und Moralisieren, Verteidigen und Angreifen gehen wir an der Herausforderung weit vorbei, verlieren uns im Gerede und Getue. Nur wer sich stellt, genau hinsieht und die Situation annimmt, sinkt tiefer, erkennt den Schatz: Ich bin da. Genauso wie ich bin. Mit allem, was ich mitbringe. Niemand kann das ändern.

In meiner langjährigen Hausgemeinschaft wuchsen die Kinder recht unkonventionell auf. Ihren Fantasiespielen wurden kaum Grenzen gesetzt. Dann kam der erste Tag des Kindergartens. Ein Junge wollte in Kleid, Rüschenbluse und Haarspangen in den blonden Locken zum Kindergarten gehen. Wir versuchten vorsichtig, es ihm auszureden, doch er bestand darauf.

Schlimme Vorahnungen erfüllten sich, als er nach Hause kam. Er war völlig vernichtet, wollte nichts erzählen. Stumm zog er das Kleid aus, legte seinen Schmuck ab. Stumm zog er Hose und T-Shirt an. Es war herzzerreißend. Heute ist mir klar, dass er seine Magie behalten hat. Er hat sich angepasst, weil er merkte, es ist der einzige Weg, unbeschadet durch den Hindernislauf von Kindergarten und Schule zu kommen, aber er hat seine Essenz nicht verändert. Er hat sie einfach geschützt. Sein erster Kindergartentag war nicht nur eine Initiation in die Grausamkeit der modernen, »zivilisierten« Gesellschaft, sondern auch in das Geheimnis seiner eigenen Kraft.

Diesen Augenblick größter Demütigung und zugleich Initiation in einen dunklen Raum, der das Kostbarste, die eigene Essenz, verbirgt, beschreibt auch ein Film, der zum Publikumsrenner wurde, »About a Boy – Der Tag der toten Ente«, in der Szene, als die Mutter den Jungen zur Schule begleitet. Er versucht, ihr zu vermitteln, dass sie ihn nicht mehr begleiten muss, sie begreift nicht, dass es ihm peinlich ist. Sie trägt derbe Hippiekleidung und eine rote Strickmütze mit zwei aufgestellten Ohren und illustriert den Albtraum aller Kinder schlechthin: Sie fällt auf. Als er den halben Schulhof durchquert hat, ruft sie ihm nach: Ich liebe dich, Markus. Alle Kinder starren sie an und äffen sie nach: Ich liebe dich, Markus. Der Augenblick finsterster Demütigung hindert ihn dennoch nicht, zurückzurufen: Ich liebe dich auch.

Initiation in spirituelle Kraft ist eben nicht nach einem heroischen Muster angelegt. Hier gibt es keine Lorbeeren zu ernten. Er wird nicht zum Helden, er wird für alle Kinder, die ihn sehen, zum Idioten. Interessanterweise sind bei magischen Einweihungen die Schwachen, die Idioten, die »Versager« im Kontakt mit der eigenen Kraft, mit der ganzen Essenz ihrer eigenen Persönlichkeit und der Welt. Ohne diese Essenz ist spirituelle Entwicklung nicht möglich. Ohne das Wissen, dass Anpassung nötig sein, jedoch niemals die wahren Werte vorgeben kann, findet niemand zur eigenen Macht.

Wir alle erleben gelegentlich eine solche Situation, doch nicht alle Menschen erkennen darin das spirituelle Potenzial. Manche werden depressiv, manche passen sich einfach nur noch an, um nicht wieder aufzufallen, manche werden gewalttätig, manche überängstlich. Nur wer die Herausforderung annimmt und durch diesen dunklen Raum der verborgenen Ängste geht, erkennt, dass alle Menschen diesen Raum kennen. Wer sich mit der eigenen tiefsten Nacht liebevoll konfrontiert hat, findet in jeder anderen Person diese Ängste und Schwächen. Das ist eine Voraussetzung für SchamanInnen, HeilerInnen, Zauberkundige, mit der Essenz anderer Menschen wahren Kontakt aufzunehmen.

Das spirituelle Universum zeigt, wo die Fäden des Alltagsgewebes vernäht sind, wo Knoten sind, wo das Gewebe brüchig wird. Zugang zu diesem Universum gewinnen wir nicht über heroische Taten, sondern über das Absteigen in die eigene Unterwelt der Lügen, Peinlichkeiten, Ängste und Schwächen. Dort ist der kostbarste Augenblick verborgen, den nur entdecken kann, wer sich liebevoll nähert. Es ist, wie es ist. Daraus erwächst die Kraft, mit der Zauberkundige umgehen, das Wissen, dass alles verbunden ist.

Ich ging mit einer Freundin in eine Disco tanzen. Sie trug eine Lederhose. Zu Hause hatte sie sich gut gefühlt, aber plötzlich fand sie sich lächerlich, die Hose zu eng, sie vielleicht zu dick? Wir tanzten trotzdem. Sie befreite sich von dem Gefühl der »Peinlichkeit«, die Hose spielte keine Rolle mehr. Um uns herum tanzten coole junge Menschen, die so gekleidet waren und so alt waren, wie es sich gehört in einer coolen Disco. »Ich tanze für die Erde«, sagte meine Freundin. Diese Bemerkung in dieser Umgebung war so unpassend und verblüffend zugleich, dass ich laut lachen musste. Und ich verstand: Es ist wahr.

Sex und spirituelle Energie

In einem meiner Imaginations-Seminare stellten sich die Frauen vor. Eine erzählte, dass sie »einfach Hausfrau und Ehefrau« ist. Die Nächste sagte: »Ich bin Prostituierte.« Alle erstarrten irgendwie und versuchten dann, so locker wie möglich zu reagieren. Die Prostituierte drehte sich zu ihrer Hausfrauen-Nachbarin und sagte: »Wieso – das bist du doch auch.« Dieser Frau verdankten wir einen lustigen Nachmittag. Sie erzählte, wie es so abläuft, wenn Freier kommen. Sie zeigte uns die zwei typischen Handbewegungen: Griff an den Hintern, Griff an den Hosenschlitz. »Wenn sie reinkommen«, sagte sie, »greifen sich die Männer an den Hintern, ob das Geld dabei ist. Wenn sie gehen, greifen sie an den Schlitz, ob er geschlossen ist.« Für sie war es keine Frage, dass die meisten Männer zwar Kinder machen können, aber von gutem Sex keine Ahnung haben, egal wie toll sie sich selbst finden. Wer würde dieser Frau nicht glauben wollen!

Was in den Betten so abläuft, ist ein Trauerspiel. Kein Wunder, dass das Bett im Volksmund auch »Falle« heißt. Fast jede heterosexuelle Frau, die ich kenne, hat ein Repertoire an Sexgeräuschen und -bewegungen, die einfach immer wieder verlangt werden, und begründet den Einsatz dieser Hilfsmittel damit, dass man den Mann ja irgendwie hochbringen muss. Und so wie sich Jugendliche die idiotischen Dialoge von Soaps einverleiben, ahmen sie auch die Pseudoerotik der Fernsehkassenschlager nach. Mit gutem Sex hat das allerdings nichts zu tun, nicht mal mit Realität. Es ist einerseits ärgerlich, weil es Zeitverschwendung ist. Doch es ist auch verhängnisvoll, weil sexuelle Energie und die feinstoffliche, magische Energie denselben Kanal benutzen. Dieselben Anlegestellen, die orgasmische Ekstase auslösen, können auch den Kontakt zu feinstofflichen Wesen herstellen.

In Mythen und Märchen wird dieses Phänomen oft beschrieben. Zum Beispiel so: Verliebte mächtige Wildfrauen oder Zauberinnen verlieren ihre magische Macht, wenn sie einen Mann lieben. Dieses Phänomen beschäftigt mich schon seit langer Zeit. Ich habe beobachtet, dass die spirituelle Energie stärker ist, wenn keine Verliebtheit, keine sexuelle Begegnung sie stört. Vielleicht ist das der Grund, warum Mönche und Nonnen aller Religionen auf Sex verzichten. Wenn es stimmt, dass starke sexuelle Energie spirituelle Energie ausblendet, um wie viel stärker stört dann schlechter Sex diese Energie! Die Sexualisierung der westlichen Gesellschaft hat die feineren Schichten spiritueller Energie mehr und mehr verdrängt. Wir sind eigentlich fast unser ganzes Leben damit beschäftigt, uns sexuell anziehend zu machen, und das ohne Not. Die Menschheit ist weit entfernt davon, auszusterben. Tun wir es für unser Vergnügen? Weit gefehlt, denn so überwältigend ist die sexuelle Begegnung meistens leider auch nicht. Wir Frauen betreiben den ganzen Aufwand zur Anpassung. Anpassung an männliche Wünsche und Bedürfnisse, Männer steigern sich rein, weil sie nicht als »Weicheier«, als »Waschlappen« dastehen wollen. Der Anpassungsdruck für alle ist ungeheuer und er entfernt uns mehr und mehr von der feinen spirituellen, der magischen Energie. Es gibt ja immer wieder Gurus, die behaupten, Sex sei zur Verwirklichung spiritueller Feinheit wichtig. Was sie damit meinen: Sexuelle Zuwendung von Frauen ist für den Ausgleich des männlichen Hormonhaushalts wichtig (vorausgesetzt, der Mann ist heterosexuell) und das ist nach meiner Erfahrung für einen Mann die Voraussetzung, dass er überhaupt an feine spirituelle Energien denken kann.

Die Energie von begeisterten Frauen, hingebungsvollen, treuen, gläubigen, unterstützenden Frauen ist die Grundlage vieler spiritueller und religiöser Kulte, denen ein Guru oder Meister vorsteht. Und gar nicht selten beuten Gurus ihre Anhängerinnen sexuell aus, indem sie das spirituelle Ziel mit der Forderung nach sexueller Freiheit verbinden.

Die »sexuelle Befreiung« der Achtundsechziger hat uns zwar eine ganze Menge neuer Ausdrücke und ein paar neue akrobatische Stellungen, nicht jedoch ein besseres Verständnis zwischen Frauen und Männern gebracht.
»Warum sagst du mir nie, wenn du einen Orgasmus hast«, fragt ein besorgter Liebhaber seine Freundin. Sie: »Weil du nie dabei bist, wenn ich einen habe.« Dieser Witz funktioniert doch nur, weil er uns bekannt vorkommt. Ist die Phase der heißen Verliebtheit vorbei, können wir oft nur zwischen Langeweile, Routine, pubertären Spielchen und Gewaltfantasien wählen. Ausnahmen geschenkt. Wenn Frauen in Umfragen so ehrlich wären wie in Frauengruppen, würden sich Männer nicht mehr ohne ihren Therapeuten auf die Straße trauen.
Frauen sind fair. Sie schreiben selten Bücher, in denen sie sich über die Versuche der Männer lustig machen, mit einer Frau »guten Sex« zu haben. Stattdessen bauen sie faule, unaufmerksame, egoistische Liebhaber auch noch auf und sagen ihnen, wie toll sie sind. Aber das brauchen die meisten Männer gar nicht. Sie finden sich sowieso toll und einzigartig.
Als ich mit einer Horde Frauen bei einem Filmfest nachts durch Catania zog, kam ein Mann mit einem Moped daher und hielt an. »Cosi solette?«, fragte er. So allein? Angesichts dieser männlichen Selbstüberschätzung kann eine Frau nur vor Neid erblassen.
Es ist in Mode gekommen, die sexuelle Rücksichts-

losigkeit und die Gewalttätigkeit von Frauen in den Medien zu diskutieren, die Realität zeigt jedoch, dass die meisten Frauen weder besonders sextoll noch besonders gewalttätig sind. In den Zeitungen liest man zwar davon, dass verlassene Männer ihre Familien massakrieren oder ihre Frauen ermorden, weil sie beim Sex gelacht haben, aber die Meldung, dass drei Frauen einen Mann mit einer Säge erschreckten, ohne ihm ein Haar zu krümmen, ist schon sechzehn Jahre alt. Selten einmal wird eine frustrierte Frau ihren miserablen Liebhaber verprügeln, weil er ihr keinen Orgasmus verpasst hat. Auf sexuelle Frustration von Männern steht nicht selten die Todesstrafe für Frauen. Irgendeine muss dran glauben und die Gesellschaft hat Verständnis.

Auch auf das geschönte Bild der Sexualität von Männern in Umfragen würde ich nicht viel geben. Es gibt eigentlich nur eine realistische Beschreibung: In Deutschland werden Millionen von Euro für Kinderpornografie ausgegeben und ein skrupelloser Geschäftemacher, der Frauen aus Entwicklungsländern für deutsche Männer importiert, gibt zu, dass stumme Frauen am besten gehen. Models werden wie hilflose drogensüchtige Minderjährige fotografiert. Sex beginnt im Kopf – aber was ist da drin?

Männer konsumieren Pornos, Frauen Liebesromane. Befruchtung und Nestbau. Da hat sich wohl seit Urzeiten nichts verändert, egal, wie oft die sexuelle Freiheit beschworen wird. Während Frauen unabhängig von Herkunft und Beruf von Zärtlichkeit und dem einzig wahren Mann fürs Leben träumen, gehen die Sehnsüchte der Männer mehr in die quantitative Richtung: möglichst viele Frauen, möglichst oft. Heimlich werden arabische und afrikanische Männer von weißen, mitteleuropäischen Männern beneidet, die sogar von ihren Religionsführern grünes Licht für Polygamie bekommen. Kein Wunder: Der Religionsführer ein Mann, der Prototyp Gott ein Mann!

Warum mischen sich eigentlich die Religionen in sexuelle Verwirklichung ein? Sexuelle Energie ist mächtig. Unterdrückte sexuelle Energie bei Männern löst Aggressionen, ja Gewalt aus. Die Kirchen dieser Welt mögen noch so eifrig von der Transformation dieser Energie bei Männern sprechen – so richtig befriedigend kann man diese wundersame Wandlung nicht finden, wenn man die sexuellen Übergriffe der Priester und heiligen Männer genauer betrachtet. Vielleicht wäre es ehrlicher, einfach zu akzeptieren, dass männliche Triebe Befriedigung brauchen, ob der Mann nun ein Bodybuilder oder ein Priester ist. Und wenn die schein-heilige Verbrämung simpler Triebkraft aufhört, können Frauen sich und ihre Kinder auch wirksamer vor Übergriffen schützen. Nicht gelebte sexuelle Energie bei Frauen führt dagegen nicht automatisch zu Aggressionen oder Frustrationen. Im Gegenteil. Ich kenne viele Frauen, die kein aktives Sexualleben führen und trotzdem nicht nur gut drauf sind, sondern diese Energie tatsächlich wandeln. Auch dieses Phänomen ist ja bekannt: Frauen, die ohne Männer leben (in Frauengemeinschaften, in Klöstern, in Klausen), haben Visionen, nehmen Kontakt zu Pflanzen und Tieren auf und entwickeln starke Heilkräfte und Hellsichtigkeit. Nicht erst seit Hildegard von Bingen gibt es dieses Phänomen. Erotische Energie zeigt sich in Frauen spielerischer, kreativer, feiner und ist der spirituellen Energie näher, die auch andere, nicht sexuelle Ekstasen möglich macht.

Witze kommen nicht von ungefähr. Sie beschreiben oft krass, was in der Realität selten ausgesprochen wird, wie der folgende: Eine Frau fährt mit dem Auto. Sie nimmt eine Hitchhikerin mit, eine Indianerin. Nach einer Weile deutet die Indianerin auf die Weinflasche am Boden und fragt: »Was ist das?« Die Fahrerin sagt: »Das ist eine Weinflasche. Ich hab sie für meinen Mann bekommen.« Die Indianerin denkt nach. Dann sagt sie: »Guter Tausch.«

In Frauen-Selbstverteidigungskursen wird ein Mythos zerlegt. Nicht aus sexuellen Bedürfnissen werden Frauen vergewaltigt, sondern aus dem Bedürfnis, Macht über Frauen auszuüben. Die Unfähigkeit vieler Frauen, sich dagegen zu wehren, kommt oft aus sexuellen Übergriffen in der Kindheit. Das Vertraute wird akzeptabel. »Ich wurde von meinem Onkel präpariert«, sagt eine Frau. »Ich dachte, das ist das Leben und ich muss es einfach akzeptieren. Ohne Mann bist du nichts!«

Das Nichts anzuerkennen ist ein guter Anfang, um

sich auf den Weg zu machen. Sexuelle Gewalt kann in Frauen das komplexe System feinster Wahrnehmung und Verarbeitung der Impulse, die so genannte Intuition, zumindest zeitweise zerstören. Ich glaube, dass in jeder Vergewaltigung auch Neid auf die Vielfältigkeit und spirituelle Tiefe, auf die natürliche Verbundenheit der Frauen mitschwingt. Und schon in ganz »normalen« Ehen und Beziehungen spielt die Domestizierung der wilden Kraft der Frau eine erhebliche Rolle. Das ständige Überprüfen der eigenen sexuellen Attraktivität, die ständige Beschäftigung damit, ob sie auch der Norm noch entspricht, unterhöhlt die weibliche Intuition. Für jede Frau geht es hier nicht einfach darum, gefallen zu wollen. Die Inquisition sitzt uns noch in den Knochen. Auch heute geht es für viele Frauen ums Überleben: Passen sie sich nicht an, spielen sie mit ihren wahren Kräften, dann werden sie oft genug entweder in die Psychiatrie gebracht oder von ihren Männern ermordet. Trennen Frauen sich dagegen erfolgreich von ihren Männern, ohne an der Aggression des Ex-Manns unterzugehen oder sich vor Schuldgefühlen nicht mehr retten zu können, dann beginnt oft ein Prozess der Verwilderung, der Re-Naturierung, der das feine Koordinatensystem, das wahre Erotik und spirituelle Energie nährt, wieder restauriert.

Männer sind faul. Trotz der dramatischen Veränderungen, durch die Frauen gegangen sind, verhalten sie sich immer noch, als hätten sie es gar nicht nötig, auf

Frauen einzugehen oder über ihr Verhalten und die Grundmuster von Beziehungen nachzudenken. Stattdessen machen sie den Frauen Vorwürfe: Weil ihr so stark seid, suchen wir uns Schwächere. »Emanzen« als Auslöserinnen für Kinderprostitution? Auf die Idee, endlich einmal an den verkrusteten Strukturen der Mann-Frau-Beziehungen zu arbeiten, kommt kaum ein Mann. Auch die meisten »neuen«, »freien« Lebensmodelle basieren auf Bedürfnissen von Männern. Und auch bei freier Liebe werden nun mal Frauen schwanger und tragen die Last und die Folgen. Symptomatisch finde ich auch, dass selbst bei »spirituellen« Männern das Bedürfnis nach ungeschütztem Sex selbst bei Zufallsbegegnungen groß ist. Und was kaum eine Prostituierte macht – »bewusste« Frauen tun's: Sie schlafen mit den Männern ohne Kondom, wenn er es unbedingt will. Das ist mehr als sexuelle Anpassung. Das ist eine alte Domestizierung, die wir nur sehr mühsam rückgängig machen können.

In einem Märchen verwandelt sich in einem längeren Prozess eine Dämonin wieder in eine zivilisierte Frau, um mit dem Mann zu sein, den sie liebt. Sie kann allerdings nur entweder am Tag oder in der Nacht Frau sein und in der anderen Zeit bleibt sie Dämonin. Sie sagt zu dem Mann: »Jetzt kommt deine letzte Prüfung. Wann soll ich eine Frau sein?« Der Mann überlegt eine Weile, dann sagt er: »Entscheide du!«

Er hat was kapiert.

Sklavennahrung

Als ich vom ORF zum ersten Mal in die legendäre Talkshow Club 2 eingeladen wurde, wurde mir klar, dass es gar nicht so einfach ist, die eigenen Überzeugungen in der Öffentlichkeit zu entwerfen und zu vermitteln. Das Thema der Diskussion war »Gewalt von Frauen«. Mit Mühe hatte man einen Mann aufgetrieben, der von seiner Frau geschlagen worden war, und die anwesenden Herren machten es zur Chefsache, diesem Randproblem eine zentrale Stellung zu verschaffen. Vergeblich versuchte ich, diesen einen geschlagenen Mann in einen Zusammenhang mit Gewalt von Männern zu stellen, denn auch heute, vierundzwanzig Jahre nach dieser Diskussion, geht die Gewalt vorwiegend vom Mann aus. Der anwesende Anwalt redete und redete und ich bekam kein Wort dazwischen, was bei mir auch eher selten vorkommt. Da sagte ich: »Sie haben wunderschöne blaue Augen.« Das hebelte ihn aus. Hätte ich gesagt: »Ich schlage Ihnen ein blaues Auge«, hätte die Wirkung unmöglich so verblüffend sein können, denn das erwartete er ja eigentlich von mir. Ich profitierte von einem Effekt, den ich sehr gut als Betroffene kannte. Komplimente haben eine durchaus zwiespältige Funktion. Einerseits loben sie etwas, grenzen jedoch gleichzeitig alles andere aus. Wenn ich die schönen blauen Augen eines Anwalts lobe, reduziere ich ihn auf das Äußerliche. Im Grunde ist so eine Bemerkung unverschämt, weil es bei einem Anwalt auf die Augen nicht ankommt. Die Reaktion auf meine Bemerkung war entsprechend verblüffend. Der Anwalt sagte kaum noch etwas.

Komplimente zerstückeln. Sie heben etwas hervor und suggerieren zugleich, dass alles andere nicht erwähnenswert ist. Ein Kompliment greift in die Gesamtheit des eigenen Universums ein, zieht einen Aspekt heraus und entwertet den Rest. Das Unbehagen, das sich nun über den nicht erwähnten Teil legt, wiegt schwerer als das Kompliment. Entscheidend ist, dass ein Kompliment klar macht: Du wirst eingeschätzt, abgeschätzt. Das Lob, das darin steckt, korrumpiert. Man möchte den Zustand halten, um das Lob wieder zu hören, um nicht in der Gunst der anderen zu sinken.

Mir ist erst im Lauf der Zeit klar geworden, dass Lob Sklavennahrung sein kann. Vielleicht nicht die Anerkennung einer Leistung, sehr wohl allerdings Lob, das unausgesprochene Bedingungen stellt. Während Kritik die Widerstandskraft fördern kann, schwingt im Lob durchaus Bedrohung mit. Wenn du nicht das tust, was gelobt wird, bist du nicht mehr richtig und wirst nicht mehr geliebt. Das Phänomen kennen Leistungssportler oder Künstler, die in der Öffentlichkeit stehen, sehr gut. Heute wirst du gelobt, morgen verrissen. Heute bist du ganz oben, morgen wirst du vielleicht vernichtet. Wer möchte schon von ganz oben nach unten fallen? Wer möchte in Ungnade fallen? Dieser Ausdruck zeigt, wo Lob hinführt, in die Gnade anderer.

Bist du brav, passt du dich den herrschenden Leistungsnormen an, dann bist du gut und wir lieben dich. Bringst du das nicht, gehst du unter. Wer möchte sich davon abhängig machen? Und wer ist davon nicht abhängig? So werden wir konditioniert. Sei brav. Tu, was man dir sagt. Ecke nicht an. Sei nicht so sperrig. Sei lieb zum Onkel. Wenn du das machst, bekommst du eine Belohnung. Wenn du fleißig bist und etwas leistest, wirst du anerkannt und gehörst dazu.

Die größten Verbrechen wurden aus der Frustration heraus begangen, nicht dazuzugehören, nicht zu genügen. Mit der Angst, nicht dazuzugehören, arbeiten Familien ebenso wie Firmen oder Gemeinschaften. Da wir andere Menschen lebensnotwendig brauchen, sind wir der Korrumpierung durch Lob ausgeliefert. Wer mit Lob konditioniert wurde, leidet, wenn es ausbleibt. Fehlendes Lob erhöht den Aggressionspegel oder die Depression. Gesellschaftlich ausgeschlossene Jugendliche organisieren sich in Banden, um wenigstens irgendwo dazuzugehören. Religionsgemeinschaften arbeiten mit Einweihungsritualen, die alle Nichtgläubigen ausschließen. Belohnung für Wohlverhalten fördert nicht das eigenständige Denken und Handeln, sondern die Unterwürfigkeit. Und mittlerweile wissen wir auch, dass Rassismus und Diskriminierung des »Fremden« und Unbekannten aus Angst entsteht. Was nicht dazugehört, ist »böse« und muss bekämpft werden. Der amerikanische Präsident Bush macht es vor: Wer nicht zu uns gehört, ist gegen uns und böse. Doch gerade diese Einteilung der Welt ist fatal. Was gestern noch böse war, ist vielleicht heute die Norm. Wer gestern noch als Terrorist verfolgt wurde, gilt vielleicht heute schon als mutiger Freiheitskämpfer. Und was gestern gut und erstrebenswert war, entpuppt sich als fatal. Gerade die Deutschen wissen doch aus der eigenen Geschichte, wie verhängnisvoll kritiklose Anpassung an eine Gemeinschaft werden kann.

Ein Schauspieler sagte über seinen Regisseur, das Bemerkenswerteste an ihm sei, dass er niemals lobe. Zuerst habe ihn das gestört, dann habe er begriffen, dass Lob ihn korrumpiere, dass er nicht mehr das ausdrücke, was in ihm sei, sondern das, was der Regisseur hören und sehen wolle. Frei von Lob bleibe er ganz bei sich und motiviere sich allein. »Attraction is stronger than promotion«, Anziehung ist stärker als Werbung, sagt ein englischer Werbefachmann und beschreibt damit einen Zustand, in dem die Energie von innen kommt und nicht von außen aufgedrängt wird. Dieser

Zustand ist jedoch nur möglich, wenn einerseits Ereignisse sinnvoll, Produkte wirklich wertvoll sind und andererseits Menschen da sind, die den Sinn und den Wert einer Sache überdenken und sich ein eigenes Urteil bilden können. Das ist natürlich nicht im Sinn unserer Gesellschaftsordnung. Wir sollen ja Ereignisse und Produkte annehmen, die wir überhaupt nicht brauchen. Und darüber sollen wir natürlich nicht nachdenken. Wir sollen mitmachen und kaufen.

Als Kind besuchte ich einen Kindergarten von Nonnen, in dem mittags geschlafen werden musste. Es gab keine Betten. Wir saßen an langen Tischen, mussten die Arme auf die Tischplatte und den Kopf auf die Arme legen. So sollten wir eine Stunde »schlafen«. Wer sich die ganze Zeit nicht bewegte, wurde mit einem Sahnebonbon belohnt. Sklavennahrung! Ich bekam nie ein Sahnebonbon. Mein Körper rebellierte, die Mittagsstunde wurde zur Folter für mich. Einmal lief ich einfach davon, in den Wald hinaus. Es war die köstlichste Mittagsstunde meines Lebens. Die Bestrafung nahm ich in Kauf. Ich erinnere mich nicht einmal mehr an sie. Ich erinnere mich jedoch gut an das Gefühl vollkommener Fröhlichkeit. Ich ging den Sahnebonbons dieser Welt aus dem Weg. Ich wollte nicht zu einem Bio-Zombie werden, der mit Erpressungen und fragwürdigem Lob auf Normalität getrimmt wird. Zwar genieße ich es, gelegentlich Anerkennung für meine Arbeit zu bekommen, aber ich mache diese Arbeit für mich, aus einer inneren Überzeugung. Auf den

Sheba-Effekt kann ich verzichten: Mit Suchtnahrung gefüttert, von dieser abhängig zu werden wie eine Hauskatze. Anerkennung als Herausforderung kann anregend sein, Lob, an das Bedingungen geknüpft werden, macht abhängig von Meistern. Kein Wunder, dass Sekten Zulauf haben. Kein Wunder, dass es so wenig Zivilcourage gibt. Woher soll die kommen, wenn man immer auf das Lob wartet, das gerade da, wo Handeln wichtig wird, ausbleibt.

In der Kommunikation mit der Natur gibt es keine Belohnung, außer der eigenen Freude. Wer auf umweltschädliche Gifte verzichtet und sich einfühlsam mit der Natur einigt, tut das aus eigenem Antrieb. Wer mit Pflanzen spricht, kann sich vielleicht freuen, dass die Pflanzen darauf reagieren, kann aber kein Lob, keine Anerkennung erwarten. In einer Welt, in der für selbstverständliche Taten Preise und Auszeichnungen verliehen werden, ist dafür wenig Raum. Hungern wir nicht danach, endlich in unserer ganzen Schönheit und Größe entdeckt zu werden? Ein Witz beschreibt die Tücken des Entdecktwerdens: An der Küste einer karibischen Insel stehen einige Ureinwohner, als ein spanisches Segelschiff daherkommt. Die Menschen sehen sich betroffen an: »Verdammt, wir sind entdeckt!«

Könnte das Ausbleiben von Lob uns wirklich kleiner machen? Ist es nicht wundervoll, die Komplexität der eigenen Existenz zu entdecken und mit anderen komplexen Universen Kontakt aufzunehmen – ganz ohne Sahnebonbons?

Im Wolof, der Sprache des Senegal in Afrika, gibt es keine Worte für »mir geht es gut« oder »Mir geht es schlecht«. Man sagt: »Ich bin da.« Ohne Bewertung, ohne Jammern. Eine amerikanische Ureinwohnerin, die von einem Ethnologen gefragt wurde, wie alt sie sei, sagte einfach: »Ich bin da.«

Zur eigenen Entscheidungsfähigkeit gehört auch die Erfahrung, Fehler zu machen und sich diese Fehler zu verzeihen. Nicht Lob und Anerkennung von außen zeigen, dass die Richtung stimmt, sondern die innere Klarheit und das Wissen darüber, dass es keine richtigen und falschen Wege gibt, denn auf jedem Weg liegen alle Erfahrungen, die notwendig sind.

Alles ist da, aber wo bist du?

Die Balance des Glücks

Es scheint, dass wir uns irgendwann im Lauf der Evolution aufrichteten, weil wir im hohen Gras nicht genug sehen konnten. Vielleicht wollten wir uns auch gegenseitig umarmen und küssen (wann eigentlich fingen Menschen an, einander zu küssen?), ohne gleich den Halt zu verlieren, oder vielleicht stellten wir fest, dass wir keine Pfote frei haben, wenn wir auf allen vieren gehen. Fest steht: Wir richteten uns auf und es scheint uns insgesamt gefallen zu haben, denn so stehen wir heute noch im Leben.

Nicht gefragt bei dieser Entscheidung wurde offenbar die Wirbelsäule und auch die Ohren müssen seitdem ein Problem mehr verarbeiten. Wer sich dieses Problem nicht vorstellen kann, begebe sich auf alle viere auf den Boden. Die Wirbelsäule ist jetzt mit vier Pfeilern gegen die Schwerkraft abgestützt und es ist ziemlich schwierig, die Zähne zusammenzubeißen und das Kiefergelenk zu verspannen. Der Unterkiefer hängt locker herab und die engste Stelle am Kopf, zwischen

Kiefergelenk und Abhöranlage, also Ohr, durch die auch noch Nerven laufen, ist frei. Das hat eine wichtige Auswirkung auf das Ohr. Das Ohr ist nicht nur für das Hören zuständig, sondern auch für die Balance. Auch spirituell gesehen ist das Trommelfell der Druckausgleich zwischen Innenwelt und Außenwelt. Druck kommt von außen an, das Trommelfell schwingt mit und entschärft die Heftigkeit des Aufpralls. Ob das Töne sind oder psychischer Druck, ob es eine Druckwelle ist, die uns instinktiv den Mund öffnen und das Trommelfell von beiden Seiten belasten lässt, oder ob eine Situation so unerträglich wird, dass wir davon Ohrensausen bekommen: Im Ohr läuft die Unverträglichkeit der Welt auf einen Höhepunkt zu.

Die Ohren spitzen? Die Ohren lang ziehen? Wenn es so einfach wäre. Massive Probleme mit der Welt, unserem Leben, den Menschen, die uns umgeben, bearbeiten wir fast immer mit dem Kiefer. Wir mahlen, pressen, knirschen, beißen die Zähne zusammen, um es auszuhalten. Dieser Druck setzt sich auf das Balance-Zentrum fort, das heftig zu wogen beginnt. Ich habe mit Menschen gesprochen, die aus heiterem Himmel (oder besser gesagt aus bereits länger andauerndem Stress) Schwindelgefühle oder Tinnitusanfälle bekamen. Was mir an den Schilderungen auffiel: Alle sprechen von einem Verlust der Identität, von einer fundamentalen Verunsicherung, von einer nie gekannten Lebensangst, ja Panik. Wenn das Ohr aus dem Gleichgewicht kommt, wenn das Trommelfell dem Druck nicht mehr standhält, gerät im körperlichen wie im spirituellen Sinn die Aufrichtung des Menschens ins Wanken. Die ohnehin verletzliche Balance, die durch die Aufrichtung enormen Belastungen ausgesetzt ist, die wir gar nicht wahrnehmen, weil wir glauben, Balance sei etwas Selbstverständliches, wird durch ständiges mechanisches Bearbeiten des Kiefergelenks und der feinen Ohrkonstruktion, durch ständigen, immer stärker werdenden Lärm, durch seelische Probleme, Stress und unerträgliche Lebensumstände auf die Zerreißprobe gestellt.

Die ganze komplizierte Anlage des Ohrs schwimmt in Flüssigkeit. Wir sind uns der Wasserqualität unseres Körpers kaum bewusst und erst seit es Craniosacral-Therapie gibt, ist die Tatsache, dass auch die Lumbalflüssigkeit in der Wirbelsäule einen Rhythmus, einen Puls, eine eigene Dynamik hat, einer breiteren Öffentlichkeit bekannt geworden. Wer sich damit nicht beschäftigen will, kann sehr wohl durch das Hineinfühlen in den Körper diese Flüssigkeiten, ihren Rhythmus, ihre Verbindungen in den Gefäßen und ihre Stockungen wahrnehmen. Die einfachste Art, mit der Flüssigkeit im Ohr und ihrer wichtigsten Arbeit vertraut zu werden, ist, sie in Wallung zu bringen, wie Kinder das tun. Kettenkarussell fahren, sich im Kreis drehen, sich einen Abhang hinunterrollen lassen – alles dreht sich, meistens muss man laut schreien oder lachen, das hilft der Orientierung im Ohr auf die Sprünge. Denn Töne geben Räumlichkeiten vor und lassen das Ohr sich wieder einpegeln, Koordinationspunkte finden.

Wer ein Leben lang presst und knirscht, kontrolliert, reguliert, festhält, klammert, ordnet wird bei solchen Kinderspielen eine Überraschung erleben. Das übermütige Vergnügen, schwindlig zu werden, kann zur Bedrohung werden. Der Schwindel hört nicht auf, der feste Boden schwankt auch im übertragenen Sinn. Den Boden unter den Füßen zu verlieren kann nur derjenige genießen, der nicht unbedingt ständig festen Boden braucht, der sich in die Traumzeit wirbeln und auf den Wassern des Universums surfen kann, die auch die Wasser in den Ohren und in der Wirbelsäule sind. Auf diesen Wassern zu surfen ist die Kunst der TrancetänzerInnen, die Kunst der SchamanInnen und Zauberkundigen. Tiefe Trance geht mit dem Erschlaffen des Kiefermuskels einher und gerade die Trance induzierenden Mittel wie Taumeln, monotones Singen, Rasseln oder Trommeln zeichnen sich dadurch aus, dass sie eine gleich bleibende, sich ständig wiederholende Schwingung erzeugen, in der die Flüssigkeiten des Körpers und das Hirn und die Nerven, von Wassern behütet, schaukeln können. Schaukeln ist der Anfang des Lebens: In der Flüssigkeit der Gebärmutter, im abgedämpften, sanft beleuchteten, gut gepolsterten Flüssigkeitssack schaukeln und wogen wir dahin, frei von Sorgen oder Verantwortung. Und ist eigentlich jemandem einmal aufgefallen, dass die embryonale Haltung im Fruchtwasser dem Ohr gleicht?

Alles im Universum tanzt, schwingt, fließt und wenn wir dieses Fließen auch nicht ständig wahrnehmen, so bewegt sich der Körper doch im ständigen Pulsieren, in den Gezeiten der Körperflüssigkeiten, die wieder verbunden sind mit den Gezeiten der Meere und des Mondes. Und es gehört zu den Paradoxen menschlicher Kultur, dass wir zwar verhindern können, dass eine Tasse mit Flüssigkeit überschwappt, aber völlig hilflos sind, wenn die Flüssigkeiten im eigenen Körper betroffen sind, zu hart anbranden, uns in Gleichgewichtsstörungen bringen und uns irgendwann umwerfen.

Viele der Redensarten, die wir so dahinsagen, haben einen interessanten Kern, von dem wir uns zwar weit entfernt haben, der jedoch noch greifbar ist. Vom »Es liegt was in der Luft«, das uns zu den Schwingungen, zu den feinstofflichen Energien führt, bis »Das geht mir unter die Haut« oder »an die Nieren«, wo wir etwas über körperliche Verarbeitung von Schmerz und Problemen erfahren, sind diese Wendungen überraschend genau. Ganz Ohr? Ich bin ganz Ohr. Ich höre dir zu, ich habe alle meine Antennen auch für die nicht hörbaren oder sichtbaren Signale eingestellt, ich pegle mich ein, nehme deinen Wortfluss, den Erguss deiner Gedanken in mich auf, damit du dir nicht überflüssig vorkommst.

Stille. Das Ohr beginnt zu summen. Den Alten war

das der Beginn einer Übertragung: Jemand denkt an dich. Warum sollte das Ohr summen, wenn jemand an mich denkt? Weil Energien, die übers Wasser kommen, sehr viel weiter reisen und genauer wahrgenommen werden können vielleicht? Ich denke da an die Gesänge der Wale. Alle Wale tauchen auf eine gemeinsame Tiefe ab und fangen an zu kommunizieren. Weil sie die gleiche »Frequenz«, die gleiche Meerestiefe benutzen, können die Töne über Tausende von Kilometern gehört werden. Mit der Flüssigkeit im Ohr, die Töne auffängt, auspegelt und manchmal nicht mehr loswird, könnte ein altes Kommunikationssystem des menschlichen Körpers überlebt haben, das für telepathische Verständigung, für Feinwahrnehmung von Schwingungen zuständig war.

Was wir mit dieser komplexen Einrichtung anfangen, ist bekannt: Wir setzen uns einem wahren Höllenlärm aus, lassen Verkehrslärm, Baustellenlärm, Discopower ungeschützt aufprallen, lassen uns anschreien, ziehen uns Explosionen, Schüsse und Geschrei aus dem Fernseher rein und wundern uns, wenn Alarmsirenen angehen und nicht mehr abzustellen sind. Denn zunehmende Schwerhörigkeit schon bei Jugendlichen ist nur die eine Seite der Schädigung. Die andere ist: die Ohranlage, für Feinwahrnehmung und Verarbeitung von feinsten Schwingungen, für die Koordination der Orientierung des Körperuniversums auf dem größeren Raum Erde im noch größeren Raum Universum entwickelt, wird so lange übersteuert und überbelastet, bis all die Schwingungen hörbar werden, denen die Sensoren ausgesetzt sind.

Es ist im wahrsten Sinn des Wortes zum Ver-rückt-werden. Wer diesem Phänomen einmal ausgesetzt war, weiß, wie existenziell bedrohlich der Zustand ist. »Du kannst keine zwei Schritte mehr tun, weil sich alles dreht. Dir wird speiübel, weil du keinen festen Punkt mehr fixieren kannst. Aber auch ins Bett kannst du dich nicht in Ruhe legen, weil sich im Liegen alles noch schlimmer dreht. Es gibt keine Rettung. Du willst sterben!«, beschrieb mir eine Freundin den Verlust des Gleichgewichtssinns als Folge von schweren psychischen Belastungen. »Ich höre das Rauschen Tag und Nacht. Um nicht wahnsinnig zu werden, gehe ich mit dem Walkman ins Bett und höre sanfte Musik, bis ich einschlafe. Nachts wache ich vom Pfeifen und Rauschen manchmal auf. Ich habe mich zwar immerhin so daran gewöhnt, dass ich keine Weinkrämpfe und Panikattacken mehr bekomme, aber dieser ständige Geräuschpegel im Ohr nimmt mir die Lebenslust« – »Ich bin depressiv und mutlos geworden«, beschreibt eine andere Freundin das Phänomen Tinnitus.

Um diese unerträglichen Symptome zu lindern, brauchen wir, was in so einer Situation am schwersten zu entwickeln ist: Heiterkeit und Feinwahrnehmung. Einsinken in die Ströme des Körpers, schwingen mit den Energien, surfen auf den Körperflüssigkeiten. Eine schöne Übung, um das Ohr anzuregen und den Kiefer zu lockern, ist so verblüffend einfach wie wirksam. Zuerst schwingt die Zunge in einem stimmhaften »S« oder »Z« und dann öffnet sich der Mund zu einem weiten »Aaa«. Der Ton, der zuerst von der Zunge im Mund gehalten wird, fällt mit dem »A« in den Bauch. Vokalesingen bringt die Körperflüssigkeiten in angenehme Bewegung und schaukelt die Ohren. Brr-Laute vibrieren sanft Ohren und Gehirn an, ohne zu stören. In alten Bräuchen galten sie als Fruchtbarkeitslaute.

Nicht zufällig spielen Töne und Schwingungen, Stampfen und Vibrieren in der alten Magie eine große Rolle. Stockungen, Verhärtungen, Verfestigungen, Unbeweglichkeiten aller Art richten den größten Schaden an in einem Universum, das fließt, strömt, schwingt. Durch diese Arten von Verfestigungen erleiden wir den größten körperlichen Schaden, der nur durch das Fließende, Schwingende wieder auszugleichen ist. Hier setzt die Kneipp'sche Therapie an, hier beginnen alle Trinkkuren, Thalassotherapien, sogar die Gesangsvereine, Liedertafeln, Musikgruppen setzen hier an. Was wir dringender brauchen als Immobilien aller Art (Unbeweglichkeiten), ist Bewegung.

Als ich dieses Kapitel schrieb, gab es an einem Abend das Konzert einer senegalesischen Hiphop-Band, die ich in Dakar schon gehört hatte und gut fand. Ich hatte den ganzen Nachmittag geträumt, nachgedacht, Internetrecherchen gemacht und ging nun zum Konzert.

Nach kurzer Zeit wurde es mir zu heiß. Ich konnte den Pullover nicht ausziehen, weil ich nichts darunter trug, also ging ich schnell nach Hause. In Wirklichkeit war es, als ziehe mich eine Stimme weg. Nicht weggehen, sagte mein Verstand, das Konzert hat zehn Euro gekostet. Schade drum. Ich folgte der Stimme. Kaum zu Hause angekommen, legte ich mich auf mein Fell auf den Boden und fiel in Trance. Plötzlich und ohne Vorwarnung. Ich atmete die tiefe Yogaatmung, ganz ungesteuert und unbewusst. Der Bauchraum, der Brustraum, die oberen Brustkorbspitzen füllten sich mit Luft und eine kleine Bewegung entstand zu den Ohren hin. Je tiefer ich mich dieser Trance hingab, umso erstaunlicher wurde die Atembewegung. Sie füllte nun nicht mehr den Bauchraum, sondern wirbelte in zwei kleinen Spiralen nach rechts und links in die Eierstöcke und bildete eine Art Blüte, dann wirbelte sie weiter nach oben, füllte spiralig die Lungen, stieg hoch und füllte spiralig die kleinen Wasserräume in den Ohren. Ich lag da wie eine Blume mit spiraligen Blüten rechts und links vom kräftigen Stängel. Alles war Atem, Energie, Fluss. Wasser. Dann erlebte ich die Wirbel in den Eierstöcken wie Feuerwirbel, in den Lungen wie Luftwirbel und in den Ohren wie Wasserwirbel. So plötzlich, wie sie begonnen hatte, hörte diese Trance auf. Ich stand erfrischt, aber irgendwie etwas neben mir auf. Eineinhalb Stunden waren vergangen. Ich konnte noch zum Konzert gehen. Als ich dort wieder ankam, war ich einen Augenblick lang völlig irritiert. Ich sah die bunten Lichter, hörte die sehr laute Musik und sah die Menschen tanzen, nur jetzt löste sich alles in Energiewellen und Bilder auf. Mein alter Freund Hias sah aus wie ein langstieliger gelber Enzian, Margret wie eine glänzende schöne Silberdistel, eine Frau, die ich aus dem Tanzunterricht kannte, war in eine feingliedrige Akelei verwandelt. Im Café standen ein paar Brennnesseln und Löwenzahnblumen. Die Energiewirbel, die ich in der Trance erlebt hatte, fingen an, in meinem Körper aufzusteigen. Die Ohren setzten die Töne in Wasserwirbel um. Es war wunderbar und befremdend zugleich und ich konnte nicht beschreiben, was ich erlebte.

Ich entdeckte dabei, was es braucht, um die vielen Seins-Ebenen, die vielen energetischen Prozesse in eine lebbare Form zu gestalten, um auf die diesseitige Welt nicht zu verzichten und die jenseitige nicht zu missen, das Gras wirklich wachsen zu hören, ohne es gleich jedem zu sagen. Es braucht Atmen, Trinken, Räuchern, Singen und Erden. Der Atem versorgt alle Prozesse mit Sauerstoff und Traumkraft, die Flüssigkeit hält alles im Fluss, das Räuchern reinigt die Luft und den Geist, das Singen schwingt und vibriert den Körper und das Erden, der Kontakt mit einem Stein, einem Baum, einer Pflanze oder mit Nahrung hilft, mit beiden Füßen fest auf dem Boden zu bleiben.

Wenn das alles gelingt, dann kommt eine indische

Ja-Bewegung gut: Der Kopf wackelt sachte in einer liegenden Acht-Bewegung hin und her. Das bringt das Meer in den Ohren in sanfte Schwingung und entspannt Schultern und Nacken, zudem gibt es ein Gefühl von: Ja … dennoch … gut … Dann lächelt das Universum.

Das Gras wachsen hören

Zwei junge Frauen aus meinem kleinen Gasthaus in der Casamance im Süden des Senegal begleiteten mich in den Busch zu Fanta, der Zauberin mit dem Waldgeist. Bei den Diola ist die Magie mit der Vegetation, mit der Natur untrennbar verbunden. Die wichtigsten Ereignisse im Dorfleben wie Taufen, Beerdigungen oder Regenzauber werden nur von den Frauen magisch begleitet. Außer den Trommlern müssen alle Männer in der Zeit der Zeremonien das Dorf verlassen oder in ihrer Hütte bleiben. Die Frauen hüten die heiligen Gegenstände, die Gesänge, das Heilwissen. Sie singen und schlagen den Rhythmus mit zwei Hölzern. Sie tanzen ihre rituellen Tänze in rituellen Kleidern mit bunten turbanartigen Kopfbedeckungen, manchmal tanzen sie auch in Jeans und T-Shirt. Es gibt Lebensgemeinschaften zwischen Frauen, die keine Kinder bekommen können und ihren Alltag miteinander organisieren. Auch Frauen, die Gewalt in ihrer Ehe erlebt haben, suchen die Gemeinschaften der Diola auf.

Wir stiegen in Ziguinchor, der Bezirkshauptstadt der Casamance, in ein *car rapide,* einen Kleinbus, der zwanzig Menschen transportieren konnte, allerdings gut dreimal so viele aufnahm, und fuhren nach Süden. An einer Sandstraße stiegen wir aus und folgten einem Buschpfad tiefer in den Wald hinein. Ein kleiner verwachsener Mann begegnete uns. Die beiden Frauen lachten und scherzten mit ihm. Als wir weitergingen, erzählten sie mir seine Geschichte. Er war als Kind von einer »Hexe« von einem Markt entführt worden, hatte bei ihr arbeiten müssen und wohl auch viel gelernt. Jetzt sei er ein berühmter Heiler. Das Erstaunliche sei, dass ihn kein Mensch mehr erkannt hatte, als er zurückgekommen war. Seine Eltern waren schon tot. Klang das nicht wie die Geschichte von dem kleinen Jakob aus Hauffs Märchen »Zwerg Nase«? Vielleicht hatte es ja zu seinen Lebzeiten auch in Europa noch verschlungenere Realitätsebenen gegeben?
Der Dschungelpfad wurde so schmal, dass wir hintereinander gehen mussten. Ich wollte mich zum Pinkeln hinter die Büsche zurückziehen, als die beiden Frauen und ein paar Leute, die sich uns angeschlossen hatten, zu schreien anfingen. Ein Mann warf mich zu Boden und zerrte mich auf den Weg zurück. Er redete auf mich ein. Überfall? Wilde Tiere? Von wegen. Rebellierende Aufständische haben den Dschungel und die Felder im Grenzgebiet zwischen Senegal und Guinee mit Minen gespickt. Immer wieder treten Menschen auf dem Weg zum Markt oder zum Wasserholen auf

diese Minen, die ihnen Arme und Beine abreißen oder sie töten. In Ziguinchor trifft man überall auf von Minen verstümmelte Menschen. Ich hatte Glück. Die Diola, mit denen ich unterwegs war, wussten genau, auf welchem Terrain wir gefahrlos gehen konnten.

Nach etwa zwei Stunden erreichten wir Fantas Hütte. Sie bewirtete uns mit Schmalzgebackenem und scharfer Soße. Ihre Enkelin übersetzte für mich von Französisch in Diola und ich gab ihr etwas Geld, das sie später ihrer Großmutter geben sollte. Ich hörte bald auf, Fragen zu stellen. Meine Reisen in Afrika haben mich gelehrt, zur Ruhe zu kommen, alles entspannt und gelassen anzugehen. Ich saß da und nahm Eindrücke auf. Sandiger Boden, rot blühende Büsche, ein kleiner Schrein mit einem umwickelten Schneckenhaus am Fuß eines Fromagerbaums, hoch gewachsene Palmen, leere Schneckenhäuser auf dem Boden. Pickende, gelegentlich aufkreischende Hühner, Wildschweine. In der Ferne Rhythmus und Gesang: Einige Frauen stampften vermutlich Yamswurzeln. Ein Pfad wand sich von Fantas Hütte zu einer glitzernden Wasserfläche, einer der vielen Seitenarme des Casamance-Flusses. Die Enkelin der Zauberin stieß mich in die Seite. Wir folgten der alten Frau hinter die Hütte und tiefer in den Busch, wo auf einer kleinen Lichtung plötzlich eine hohe Gestalt aus trockenem Gras auftauchte – der Grasgeist. Wir setzten uns vor das Heiligtum des Grasgeistes, das aus der Figur selbst, ein paar mit braunem Stoff und Schnüren eingepackten

Schneckenhäusern, einer Blechbüchse mit Wasser, einer kleinen anthropomorphen (menschenähnlichen) Tonfigur und einem polierten braunen Stein bestand. Fanta begann, mit aufgeregter Stimme mit dem Geist zu sprechen und etwas Wasser zu versprühen. Dann sang sie mit tiefer schöner Stimme eine Melodie, die sich immer wiederholte. Ich summte mit. Die Enkelin hockte auf ihren Fersen und döste. Es war heller Mittag und die Stimmung war schläfrig, kein bisschen mystisch. Plötzlich begann der Grasgeist zu zittern. Kein Wind. Alle trockenen Grasblätter vibrierten, wisperten, wiegten sich. Sprach er? Ich horchte. Die Zauberin schwieg. Vom Grasgeist ging Heiterkeit aus. Wie lange willst du dir noch einreden, dass Grasgeister am hellen Mittag nicht sprechen können? Wer ist da? Gras, das Haar der Erde, die spirituelle Kraft der Erde … Während ich zu ergründen versuchte, wer oder was sich da mit meinen Gedanken unterhielt, sang die Zauberin wieder leise. Meine Sinne waren ganz wach und in dieser prosaischen Mittagshitze fingen jetzt auch die Blätter eines Fromagerbaums zu zittern an. Da war kein Wind. Alle anderen Bäume blieben bewegungslos. Die Gräser flüsterten miteinander und zum ersten Mal konnte ich für einen Augenblick alle Kommunikationsformen der Wesen um mich herum gleichzeitig wahrnehmen. Ich hatte mich schon früher mit Insekten, mit Haustieren, mit einem Walnussbaum und anderen vertrauten Lebewesen unterhalten. Meine Sinne schienen sich für die

Struktur aller Kommunikationsformen zu öffnen. Träge betrachtete ich die langen schlanken Blumen mit rosa Blüten und wurde von ihrer entschlossenen Energie überrascht. Sie sehnten sich nach den Sternen? Ihre Wurzeln hielten sie in der Erde fest, während ihr Geist zum Universum schwebte? Ein Flirren lag in der Luft. Fanta riss mich aus meinen Träumen. Der Geist will dir etwas geben, meinte sie und legte mir ein Amulett aus Gräsern um. Ich begriff in diesem Augenblick alles. Es gab keine Geheimnisse, keine Mythen, alle Wesen zeigten sich mir und ich verstand sie, es war überwältigend, wunderschön. Der Augenblick verging und ich verlor das Gefühl der vollkommenen Verbundenheit wieder. Aber ich vergesse nicht, dass ich es einmal hatte.

Die Welt hinter dem Spiegel

Mit drei Freundinnen besuchte ich einen Medizinplatz in den Bergen. Wir stiegen im Bett eines Bergbachs hinauf zu den Felsbecken, zur alten Wacholderin, zum Lehm, der die Haut weckt und die Sinne neu einstellt. Mit jedem Schritt bewegten wir uns von der zivilisierten Welt weiter fort und sanken ein in die Welt jenseits von Anpassung, Urteil und Frustration. Samtig weich wurde die Haut, das Feuer roch nach Harz und wir träumten die Welt um. Lachend sanken wir in die Zeitlosigkeit, rasselten, summten, benannten die Sterne neu und badeten im kalten Wasser. Die Welt der Beurteilungen, der Ängste und der Konkurrenz verschwand, während wir den Spuren unserer Zehen auf dem Lehm, dem Klang unserer Stimmen in der Nachtluft folgten. Wir machten auch einige Fotos. Als diese Fotos entwickelt waren, rief eine der Frauen entsetzt aus: »So dick bin ich? Ich habe mich so schön gefühlt.« Sie war wieder in der Welt vor dem Spiegel angekommen, die mit genormten Maßen und Gewichten operiert, in der mit engem Maß und fantasielosem Blick die Realität auf Einheit getrimmt wird. In dieser Welt ist alles fixiert – wann ein Kind laufen kann, wie die körperliche Entwicklung vor sich zu gehen hat, was schön und was hässlich ist, was man sagen darf und was nicht. Wer die »Guten« und wer die »Bösen« sind. Die Welt vor dem Spiegel schleift alles ab, was sich ihr zeigt, und formt aus dem, was eingegeben wird, eine Folie von Realität, der sich alles zu beugen hat.

Das Kuriose, ja Verblüffende an dieser Welt ist, dass sie paradox ist. Die Prinzipien der Natur, der Selbsterhaltung, des Schutzes werden ins Gegenteil verkehrt. Während im Tierreich das weibliche Tier unauffällig, ja hässlich aussieht, um nicht durch unerwünschte Aufmerksamkeit zur Beute von Räubern zu werden, machen sich Menschenfrauen besonders auffällig und betonen noch den Beutecharakter ihres Erscheinungsbilds, ich denke da an Modeaufnahmen mit besonders kindlich wirkenden Frauen, denen Augenringe geschminkt werden, um sie schwach (drogensüchtig, willenlos) erscheinen zu lassen. Was für eine Art Schönheitsideal das sein soll, weiß ich zwar nicht, aber das Erscheinungsbild ist für die Welt vor dem Spiegel bestimmt, denn die Welt hinter dem Spiegel kennt nur die Impulse, die den Motor der Erscheinungen antreiben. Unscheinbar ist Schutz. Erscheinung scheint, strahlt, wirkt wie ein Magnet. Wer nicht stark genug ist, wird die Wirkung der eigenen Erscheinung nicht auffangen können. Der schöne Schein lässt einen Raum offen – der liegt dahinter, in der Welt hinter dem Spiegel. Der schöne Schein suggeriert, dass dahinter das Elend liegt. Wozu also den schönen Schein? Wollen wir belogen werden? Wollen wir lügen? Was würde uns das bringen?

Im Senegal gibt es eine virtuos zurechtgeschliffene Tradition, nach der man fast alles machen kann, wenn man diskret ist. In vielen Familien gilt es als eine größere Schande, einen Skandal aufzudecken, als etwas Kriminelles heimlich zu tun. Das erinnert mich sehr an die Fünfzigerjahre, in denen zwar bei uns genauso gelogen, betrogen, vergewaltigt und geschlagen wurde wie heute, allerdings blieb man diskret. Hauptsache, die Nachbarn erfahren nichts. Die Tatsache, dass mehrere Millionen Euro pro Jahr in Deutschland für Kinderpornografie ausgegeben werden, macht erschreckend deutlich, dass viele dieser freundlichen Männer, der netten Familienväter, der unauffälligen Nachbarn tickende Zeitbomben sind und dass viele der stillen, immer höflichen Frauen ständig am Rande des Abgrunds leben.

Hinter dem Spiegel lässt sich der schöne Schein nicht halten. Hinter dem Spiegel hört man die Schreie. Hinter dem Spiegel, wo alle Wesen die gleiche Sprache sprechen, gibt es keine Geheimnisse mehr. Und oft genug gehen wir durch den Spiegel, wenn wir einschlafen. Alle dunklen Räume öffnen sich, alle Geheimnisse springen jetzt auf, alle Bedrohungen steigen

an die Oberfläche auf, vibrieren auf den Stimmbändern, pressen Kiefergelenke zusammen, zermalmen Zähne.
Diese dunklen Räume sind nicht nur die Herberge unserer tiefsten Ängste, sondern auch Hüterinnen verborgener Fähigkeiten. In diesen geheimen Räumen wird die Sprache aller Wesen so übersetzt, dass wir Impulse lesen, Zeichen deuten, Kontakt aufnehmen können.

Auf einer Kräuterwanderung begegnete ich in den Schweizer Bergen einer Pflanze, die viele kleine gelbe Glocken an ihrem langen Stängel trug. Ich setzte mich zu ihr. Ihre gelbe Farbe signalisierte Wärme, Freundlichkeit. Als ich die Augen schloss, spürte ich jedoch die kühle Distanz, die von ihr ausging. Sie wollte nicht »befühlt« und schon gar nicht »befingert« werden. Ich wollte aufstehen und weitergehen, aber etwas hielt mich zurück. Es war ihre Energie. Wenn ich nicht freundlich bin, willst du nicht bleiben? Ich bin das Rasen deines Herzens, wenn du erschrickst, ich bin der wilde Fluss, die wütende Kraft, die Zartheit und die Zähigkeit, ich bin süß und hart, schön und schockierend. Das geht mir jetzt alles zu weit, dachte ich nervös. Du bist zu mir gekommen, nicht ich zu dir – hatte sie mir das hingeworfen? Ich sah sie mir genauer an. Hinter den hübschen gelben Blüten fühlte ich das Gift. Und hinter dem gefährlichen Gift fühlte ich die Aufforderung, nicht jedem Klischee in meinem

Hirn zu folgen. Es wird länger dauern, dachte ich unruhig und spürte die harten Steine unter mir. Was ist Gift? In geringer, in homöopathischer Dosis kann es den menschlichen Organismus aufwecken und lebenslustig machen. Zu viel davon bringt Menschen um. So eine kleine unscheinbare Pflanze und so eine mächtige Wirkung. Warum konnte ich nicht so selbstverständlich in diesem Geröllhang zwischen den Felsen stehen wie sie? Warum musste ich die Welt umträumen wollen? Oder war es genau das, was sie auch tat? Sie wartete, bis ein Wesen sie entdeckte, und dann ging sie mit ihm in die Traumzeit, durch den Spiegel, durch die Spiegelungen der Welt bis in die Ebene der feinen Energien und dort träumte sie sich hinein in die Wahrnehmung anderer Wesen?

In der Welt vor dem Spiegel verlassen wir uns auf den Augenschein – auf die Realität, die für die Augen scheinbar wahr ist. Mit dem Schritt durch den Spiegel in die Ebenen der Traumzeit, der Impulse, der Energie werden Wahrheiten oft umgekehrt und Bedrohungen finden überraschende Auflösungen.

Im hektischen Alltag verblasst die Traumzeit oft zu einer Art Abziehbild aus der Fantasie. Vage erinnern wir uns an Traumbilder, an Visionen, die wir sofort als Hirngespinste verwerfen. Aber in der Natur, in der Stille einer menschenleeren Landschaft, in der verlorenen Weite der Wüste oder der Bedrohlichkeit eines mächtigen Gebirges leuchten die Verbindungen zur Traumzeit wieder auf, denn das Überleben in dieser

Welt, in der materiellen Realität, hängt oft genug von der Verbindung zur Ebene der spirituellen Energie ab, die uns die richtige »Eingebung«, die Intuition schenkt.

Auf dem Weg zum Basislager von Chomolungma (Everest) saß ich auf einer Felsplatte in der Nähe eines alten Bön-Tempels – Bön ist die animistische Religion, die es vor dem Buddhismus überall im Himalaya gab. Der Fels, auf dem ich saß, ragte aus einem steilen Berghang über einer Schlucht, die gut mehrere hundert Meter tief abfiel. Ich saß in der Lotushaltung und atmete mich in eine Gelassenheit des Geistes, was bei der atemberaubenden Tiefe der Schlucht nicht ganz einfach war. Dann bekam ich Gesellschaft. Drei tibetische Kampas, Bewohner der Provinz Kam, wie ich später von der Hüttenwirtin erfuhr, drängten sich auf meine kleine Felsplattform und setzten sich zu mir. Tibeter sind gut, versuchte mein Archiv mir einzureden. Diese hier hatten etwas vor. Sie begutachteten die Schuhe, die neben mir standen, befingerten meinen Rucksack und mehr noch als ihre körperliche Präsenz bedrängte mich die Energie, die sie mitbrachten. Nervös bot ich ihnen Kräuterbonbons an, die sie auch annahmen, ohne mich allerdings aus ihrem lauernden Blick zu verlieren. Sie wollten mich berauben, das spürte ich. In einem Sekundenbruchteil sah ich mich den Abhang hinunterstürzen. Ich merkte, dass ich diese Situation nur auflösen konnte, indem ich den

Tibetern von der anderen Seite des Spiegels, von der Traumzeit her entgegenkam, denn körperlich hatte ich keine Chance gegen sie. Ich ließ wilde Energie in mir aufsteigen, während einer der Kampas näher an mich heranrückte. An den weiten Augen meiner drei Besucher konnte ich erkennen, dass sich tatsächlich etwas Erschreckendes entwickelte. Ich griff nach der Kette mit Dschongdzi-Perlen, Glück bringenden Achatperlen mit einem eingeätzten Muster, die einer der Kampas um den Hals trug. Ich möchte diese Kette haben, sagte ich. Der Kampa schüttelte den Kopf und wich zurück. Endlich hatte ich wieder genug Platz, um bequem zu stehen, ohne gleich über die Kante zu fallen. Doch, sagte ich. Ich kaufe sie dir ab! Weil ich die Kette nicht losließ, versuchte er, meine Finger von seiner Kette zu lösen. Die beiden anderen schauten ratlos zu. Ich fletschte ein bisschen die Zähne – es half, dass ich nicht besonders schöne, regelmäßige Zähne habe! Weg waren sie. Ich hatte nicht mehr genug Kaltblütigkeit, um auf meinem Felsen weiter zu meditieren. Meine Verbindung zur Traumzeit brach abrupt ab, als der körperliche Schock einsetzte. Mit schlotternden Knien ging ich ins Gasthaus von Tengboche zurück, ohne auch nur einen einzigen Blick zurück in die Tiefe zu werfen.
Der Schritt durch den Spiegel ist überall möglich. Das Boot, das nach Avalon führt, ist nur ein Bild, ein Symbol für ein Mittel, das aus der banalen, ganz realen einen Welt die andere hervorlockt. In Wirklichkeit ist

die Traumzeit überall. Sie liegt hinter dem Spiegel, ich könnte auch sagen: der Spiegelung der Welt. Wir werden mit vielen sinnlosen Informationen belastet, unsere Energie wird eingebunden in die Scheinproblematik von diesem oder jenem Waschmittel, diesem oder jenem Auto, dieser oder jener Kosmetik. Anstatt uns für das Abenteuer der Zeitlosigkeit jenseits der sichtbaren Welt, für die Sprache aller Wesen zu interessieren, zählen wir die Spuren der Zeit in Form von Falten auf unserer Haut.

Wie kommen wir hinter den Spiegel? Stille ist das Geheimnis, das heißt, aussteigen aus der hektischen Fort-Bewegung – fort wovon? Wohin? Nicht in der Religion liegt die Antwort, sondern in der Stille, im Nicht-Tun. Erst dann können wir verstehen, wann Tun nötig wird. Diese Lektion schenkte mir ein Säufer im Pine Ridge Reservat bei den Lakota von South Dakota. An der Grenze zwischen Reservat und amerikanischem Hoheitsgebiet stieg ich aus meinem Leihwagen aus. Ich wurde gewarnt, das nicht zu tun, weil betrunkene »Indianer« gefährlich seien. »Wyankili«, starke Frau, nannte mich der Säufer und lächelte mich an. Niemand steigt hier aus, aber ich weiß, dass die größten Lernprozesse nur an Grenzen möglich sind. Er zeigte mir einen Gitterkäfig, eine Art Gefängnis. »Hier steckt man die Betrunkenen hinein«, sagte er. Ich setzte mich auf die Pritsche. »Nein«, sagte er, »wenn man sich hinsetzt, kommt man nie mehr raus.« Er rüttelte an den Stäben und lachte. »Manchmal muss man einfach beobachten, aber es gibt Augenblicke, in denen man etwas tun muss.« Obwohl er sich mit Trinken über Wasser hielt, wusste er mehr über die Geheimnisse des Lebens als ich, denn ich will nie die Kontrolle verlieren. »Es gibt keine Kontrolle«, sagte er. »Du musst im Einklang sein. Im Einklang mit allem.«

Die Spiegelung nicht mit der wahren Energie zu verwechseln heißt eben, dem Augen-Schein nicht zu trauen.

Im Frühling besuchte ich meine Freundin Ute in Portugal und verbrachte den letzten Tag, angefüllt von der starken Energie des blühenden Landes, am Meer. Der Strand war leer, kein Mensch weit und breit. Ich rief das Wasser und eine Welle kam so nah, dass meine Füße nass wurden. Ich lag auf dem Sand in der Sonne, als sich ein Mann näherte. Sofort wurde ich sehr aggressiv, fühlte mich in meiner Gelöstheit und Freiheit gestört. Ich hatte gleich ein Bild von ihm: Er will mich anmachen. Blöder Typ. Er kam näher. Mit ihm kam ein Energiefeld, das mich irritierte. Ich schwebte jetzt in einem grauen Bereich zwischen meinen Vorurteilen, meinen Erfahrungen, dem Augenschein und einer Energie, die etwas ganz anderes signalisierte. Er streckte mir einen runden flachen Lochstein hin. »Ich dachte, der gefällt Ihnen«, sagte er, als kenne er mich und meine Steinleidenschaft. Ich nahm den Stein und kam nicht dazu, mich zu bedanken, er war schon weitergegangen. Während ich über mich und meine Vorurteile nachdachte, hielt ich den Stein an mein

Ohr. Das Loch in dem Stein lag genau über meinem Gehörgang. Es schien, als verdichteten sich die Geräusche, als richte sich mein Innenohr auf dieses Loch im Stein aus.

Der größte Teil der Materie im Universum ist nicht sichtbare, schwarze Materie. Der größte Teil meiner Realität ist nicht sichtbare Energie. Gedanken formen sich, bilden ein Muster nach alten Anweisungen. Ich denke voraus, hinterher, entwerfe Bilder, verwerfe sie wieder oder verdichte sie zu Planungen. Konstruktionen von Wirklichkeit entstehen und stürzen wieder in sich zusammen. Möglichkeiten tauchen auf und werden verworfen. Und obgleich dieser Prozess ein ganz abstrakter ist und nichts davon in der Realität sichtbar wird, beeinflusst er meine Handlungen und stellt sichtbare Wirklichkeit her. Ich lebe vor dem Spiegel, ich lebe in der Spiegelung, aber auch hinter dem Spiegel bleibt ein Teil meiner Energie. In der Spiegelung definiere ich mich. Erst in der Auflösung des Gespiegelten im Loslassen des Bildes entsteht die Freiheit zu sein. Alles beginnt im Kopf und endet im Kopf. Es ist Zeit, die Muster zu verändern, um die Realität zu gestalten. Das Meer rauschte. Ich war da.

Das Geheimnis des Malpais

Beim Schreiben dieses Kapitels sitze ich nun vor dem dritten Laptop. Mein vertrautes Gerät hat sich bei den ersten Sätzen verabschiedet und verweigerte auch das Speichern des Geschriebenen. Es war schon alt und ich kam gar nicht auf die Idee, die Störungen im Computer mit dem Thema, mit dem Lavastein am Lederband um meinen Hals, mit der Energie in Zusammenhang zu bringen, die ich beim Schreiben über das Geheimnis des Malpais entwickelte. Ein neuer Laptop war fällig und ich machte mich unverdrossen an die Arbeit, schrieb einen neuen Anfang, tauchte wieder ein in die Macht der Lavafelder des Malpais, des »schlechten Landes«, wie die erkaltete Lava der Montana Corona in Lanzarote genannt wird, wanderte im Geist durch die kaum sichtbaren Pfade in die zerklüftete Vulkanlandschaft und beendete schließlich das Kapitel. Das war auch schon das Ende des neuen Computers, denn der verweigerte nun ebenfalls die Sicherung auf eine Diskette. Der Computer-Doc sollte helfen. Doch er war machtlos. Während er versuchte, den Text abzuspeichern, stürzte das System ab. Das Malpais verschwand mit dem Rest der Software in einem Energiegewitter, in den rätselhaften Räumen des Betriebssystems. Spurlos. Zum Abschied zog noch ein Strom aus Buchstaben durch die Mitte des Bildschirms, was den Computerexperten zu der Bemerkung »Ich glaub, ich spinne« hinriss. Er nahm das Gerät zurück und ich dachte über seine Aussprüche nach: »Das kann er nicht.« – »Das gibt's normalerweise gar nicht.« – »Es ist mir schleierhaft, was da passiert ist.«

Ich glaube, der Computer-Doc hat Angst vor meiner Energie. Einmal knackte ich ein Passwort für ihn mit der zum Computer hingeworfenen Bemerkung: »Mach's nicht so spannend« und einem Fingerschnippen. Danach hörte ich längere Zeit nichts mehr von meinem Experten. Ich zog los und besorgte mir einen billigen gebrauchten Laptop mit wenig Schnittstellen und keinem technischen Ballast. Der Vorbesitzer hatte keine besonderen Kunststücke mit seinem Laptop gemacht und darauf geachtet, korrekt mit ihm umzugehen. Das half. Aller guten Dinge sind drei und drei ist die Zahl der Initiation, des Durchtritts in eine neue Realität. Mit der Drei kommt alles in Bewegung, die Drei öffnet Tore – vorausgesetzt, die vorherigen Prüfungen wurden gemeistert.

Meine Energie kann sich jetzt aufs Angenehmste mit der des Laptops verständigen und es kommt nicht zu den befürchteten Eruptionen des Systems. Vorerst.

Ich wurde mit einer Energie geboren, die zwar sehr attraktiv sein kann, vor allem, wenn sie erwünschte Kräfte in meine Nähe zieht, verborgene Räume öffnet, Verbindungen zu den unwahrscheinlichsten Kräften herstellt, die Zukunft erhellt, mir das Wetter und die Elemente gewogen macht und telepathische Kommunikation begünstigt. Sie kann allerdings auch hinderlich sein: Kaum ein Einchecken an einem Schalter ohne Computerinfarkt; sehnsüchtig schmachte ich den Rechner an, der mein Ticket eingezogen hat und jetzt zu keiner weiteren Bewegung bereit ist, während am Schalter neben mir die Schlange vorbeizieht. Auf einem Flug nach Marokko beobachtete ich auf dem Bildschirm an Bord den kleinen Pfeil, der nach Mekka zeigt und sich mit jeder Bewegung des Flugzeugs etwas dreht, derart konzentriert, dass die ganze Anzeige ausfiel. Im Umgang mit elektronischen Geräten musste ich mir eine gleichmütige Grundhaltung antrainieren, die sich nicht immer aufrechterhalten lässt. Dann kommt es schon mal vor, dass der Computer des Artdirektors bei meiner Anwesenheit in Schreckstarre fällt oder eine elektronische Türverriegelung so tut, als seien wir alte Bekannte. Leider kann ich die Wirkung bis jetzt nicht wirklich kontrollieren.

Während ich den neuen Laptop mit meiner Wohnung, den Göttinnen, den Fetischen und dem großen Bett, meinem Arbeitsplatz, bekannt machte, tauchten Erinnerungen an Lanzarote auf. Eine Journalistin hatte mir erzählt, dass ihr Sohn dort beinahe gestorben

wäre. Ich hielt das damals für eine mütterliche Übertreibung. Der Sohn hatte einen Blinddarmdurchbruch – das hätte doch überall passieren können!
Auf meiner ersten Reise zur Insel 1991 machte ich ein Interview mit Cesar Manrique, dem Künstler und Architekten, der die meisten bemerkenswerten Kunstwerke der Insel geschaffen hat, wenn man von denen absieht, die die Natur selbst formte. Meine Tochter Valentina filmte das Interview, ihr Freund Andy nahm den Ton auf, Manriques Sekretär übersetzte auf Englisch, was bei unserem spanisch-italienischen Gespräch unklar blieb. In den folgenden Monaten verunglückten alle Personen, die an diesem Interview beteiligt waren – Cesar Manrique starb.
Bei meinem nächsten Besuch auf Lanzarote wanderte ich zum ersten Mal, fasziniert vom Malpais de la Corona, in die Vulkanlandschaft. Ich stieg über zerklüftete Felsen und folgte Pfaden, die im Mondlicht schwach auszumachen waren. Dann bemerkte ich ein Licht mitten in diesem schwarzen Loch der Geschichte. Als ich näher kam, sah ich zwei alte Frauen mit Kerzen vor einem Felsen sitzen. Sie opferten dem Vulkan Speisen und erzählten ihm die Geschichten der Menschen, sangen für ihn und beruhigten ihn – offenbar mit Erfolg, denn seit dreitausend Jahren ist er im Gegensatz zu den anderen Vulkanen der Insel nicht mehr ausgebrochen. Ich saß die ganze Nacht bei den Frauen, ließ mich in den Schlaf murmeln und singen, tauchte gelegentlich wieder aus dem Schlummer auf

und dachte, wie besänftigend und beruhigend es ist, wenn Frauen singen und murmeln. Ich nahm mir vor, in Zukunft dieses mantrenartige Spinnen von Gesang zur Beruhigung meines Lebens aufzunehmen.

»Die Energie auf Lanzarote ist so extrem, dass du entweder verzaubert bist oder nie zurückkehrst«, hatte die Journalistin gesagt. Ich fuhr wieder hin und wieder zog mich das Malpais unwiderstehlich in sein Magnetfeld. Als ich wieder einmal zwischen den schroffen Lavafelsen saß und den Sternenhimmel beobachtete, leuchtete plötzlich ein Kreis aus Lichtern mitten im Malpais auf. Die Idee war zu verlockend – ein Raumschiff! Ich glaube nicht an Raumschiffe und natürlich merkte ich sehr schnell, dass diese Lichter in Höhe des Parkplatzes von Cuevas Verdes, einer von Cesar Manrique gestalteten Lavahöhle, aufgeflammt waren. Ich ging dennoch zu meinem Mietwagen und fuhr dorthin, aus Neugier. Auf dem kreisrund erleuchteten Parkplatz standen zwei ratlose Wächter. Sie erzählten mir, dass sich die Beleuchtung plötzlich von allein eingeschaltet hätte und jetzt nicht mehr auszuschalten sei. Während wir da standen, erloschen alle Lichter. Das Malpais hatte mich jetzt fest im Griff.

Die Nacht fällt und mit ihr die Stille. Dann kommt der Wind. Er blättert in meinen Notizen, fährt einmal durch den Garten und bewegt die Blätter der Palme, die leise zu wispern beginnen. Ich habe mir ein Haus in der Nähe der Montana Corona gemietet, um wenigstens für kurze Zeit nichts zu erfahren von den Katastrophen und Unglücken, mit niemandem zu sprechen, nicht zu telefonieren und keinen Fernseher einzuschalten. Und um dem alten Vulkan nahe zu sein. Die Welt versinkt. Ich lasse mich in die Schichten der Geschichte fallen. Ein unerwünschter Besucher klopft gegen halb elf ans Fenster, als ich mich gerade anziehe, um der Montana Corona einen nächtlichen Besuch abzustatten. Er ist ein Freund der Hausbesitzerin. Wir trinken einen Wein zusammen. Er glaubt, eine Frau, die allein in einem Haus Urlaub macht, sucht dringend einen Mann, irgendeinen, so einen wie ihn vielleicht. Die Vorstellung belustigt mich. Eine Frau allein – da gibt's doch sicher nur einen Gedanken: Wo ist der nächste Mann? Träum weiter, auf welchem Planeten lebst du? Ich verabschiede ihn. Fortan gehe ich ihm aus dem Weg.

Meine ganze Energie ist auf das Malpais ausgerichtet. Ich habe einen Erinnerungsraum betreten, der mit jedem Besuch in den Lavafeldern deutlicher, farbiger, lebendiger wird. Lebte ich hier schon einmal? Lag nicht die bearbeitete Basaltklinge schon einmal in meiner Hand? Ist das esoterischer Quatsch? Suchen wir nicht die so genannten Urlaubsorte nach kaum wahrnehmbaren Signalen aus unserer uralten Erinnerung aus? Woher kommen die Glücksgefühle im Kontakt mit einer Landschaft, bei der andere nur gelangweilt abwinken?

Die Lavasteine haben scharfe Kanten, die Hände und Füße zerkratzen. Ich habe mir schon zwei Dornen eingetreten, die jetzt von der Haut umhüllt und neutralisiert werden. Und ich habe die vollkommene Nahrung im Lavafeld gefunden: Kaktusfrüchte. Leider stand mir nicht sofort die vollkommene Erntemethode zur Verfügung und so musste ich einen schmerzhaften evolutionären Sprung der Erkenntnis machen: Kaktusfrüchte haben feine Stacheln, die sich in der Haut festhaken und so zart sind, dass man sie fast nicht erkennen kann. Was jeder Affe weiß, musste ich mir schmerzhaft erarbeiten: Kaktusfrüchte werden im Staub gerollt, bis die Stacheln abgerieben sind, erst dann öffnet man die Schale, um an das köstliche Fruchtfleisch heranzukommen. Jetzt muss ich meine Finger im Staub wälzen, um die Stacheln loszuwerden. Ein Windstoß bringt mich aus dem Gleichgewicht, ich rudere mit den Armen, schwanke hin und her und mache schmerzhafte Bekanntschaft mit Lavageröll. Menschen sollen optimal an die Lebensbedingungen auf der Erde angepasst sein? An welche? Wo?

In der mondlosen Nacht steigen die Formen der erkalteten Lavaströme wie Geister in den dunklen Himmel. Schwarz ist die Erde, schwarz der Himmel. Dann gewöhnen sich die Augen an die Dunkelheit und erkennen Konturen, helle Flecken, kleine Sandplätze. Stille umgibt mich wie eine schützende Hülle. Gelegentlich wird sie vom Geräusch eines Mopeds oder Automotors unterbrochen. Dann fährt ein glühender Pfeil aus der Tiefe der Geschichte, der Schichten menschlicher Kultur in die Jetztzeit und erinnert mich an Asphaltstraßen, Fernsehen und Telefonrechnungen. Ich denke an Zonzomas, den alten Palast der Guanchen, der kanarischen UreinwohnerInnen, der ausgegraben und wieder zugeschüttet wurde. Ein mit europäischen Fördergeldern direkt daneben eingerichteter brennender, stinkender Müllplatz wird die Spuren der alten Geschichte bald zugeschüttet haben. Die Schönheit der Kontinuität wird Bierdosen und Sonnencreme geopfert. In den touristischen Zentren machen die Urlauber die Nacht zum Tag und den Tag zur Hölle. Spielt es eine Rolle? Der Müll von heute ist die Ausgrabung von morgen. Selbst noch die extremsten Lebensformen werden irgendwann leidenschaftlich erforschte Antike.

Während ich stiller werde und mein Atem mit dem Wind zu steigen und zu fallen beginnt, werden die Impulse aus der Erde und den Steinen, aus Kakteen und Stachelbüschen stärker. Ich kenne dieses Gefühl aus meiner Kindheit, da war es jedoch immer mit Angst verbunden. Ich lag im Bett, hörte ein Geräusch und spürte wie die Gebilde meiner Angst mit den Impulsen der Nacht zu riesigen Ungetümen wurden, während ich selbst schrumpfte, bis ich nur noch aus einem starren Kern pulsierender Angst bestand. Jetzt steigen die Kräfte der Natur um mich herum auf wie Energieblüten, umgeben mich schaukelnd, vibrierend. Ich werde kleiner, verdichte mich zu einer Essenz aus Lachen und wohliger Energie, umgeben von tan-

zenden, flackernden Geistwesen. Mein Traumkörper löst sich aus der Haut und tanzt mit.
Grau wird der Himmel, dunkel zieht sich die alte Lava wieder in ihre Starre zurück und ich bemerke erst jetzt, wie starr und kalt mein Körper geworden ist. Meine rechte Hand ist eingeschlafen, ich schüttle sie wach, dehne mich der aufgehenden Sonne entgegen. In die schwarzen Lavasteine kommt Leben, bronzefarben leuchten sie auf, enthüllen schillernd violette, rote, grüne, gelbe und graue Flechten. Ich lerne das Geheimnis des Malpais: Die Schönheit schützt sich durch die raue Oberfläche und bleibt dem flüchtigen Blick verborgen. Um sie zu entdecken, musst du dich auf den Weg zu ihr machen und dich mit dem Wind befreunden, der alles berührt und nirgendwo anhaftet. Kein Lob, kein Preis, keine Anerkennung winkt, wenn du dich mit der alten Vulkankraft verbindest. Es gibt nichts zu kaufen, nichts zu konsumieren. Stille. Jenseits der Zeit werden alle Zeiten spürbar, alle Räume sichtbar.
Ich bin ein Geschöpf vieler Zeiten und Welten. Ich mache mich auf den Weg zurück zu meinem Mietwagen, zu Milchkaffee und Croissants. Auf der Straße klopfe ich den Staub aus meiner Hose und drehe mich noch einmal um. Ich empfinde Zärtlichkeit für das Malpais, für die Montana Corona, meine Meisterin.
»Du wieder!«, sagt die alte Corona.

Rendezvous mit Artemisia

Ich war erschöpft von einem afrikanischen Tanzworkshop, als ich etwas außerhalb von München auf eine S-Bahn wartete. Ich liebe Bahnhöfe und warte gern. Ich gehe dann bis zum Ende des Bahnsteigs, um die Pflanzen zu studieren, die dort wild wachsen. Am Ostbahnhof in München zum Beispiel wächst Beinwell, der sich sonst in der Stadt nirgends findet. Salzburg erfreut sich einer üppigen Johanniskraut- und Nachtkerzenplantage. An den Gleisen vor Jena gibt es Frauenschuh und kurz vor dem Wiesbadener Bahnhof könnte sich eine ganze Kräuterapotheke eindecken. Ich stolperte und ein Zweig mit gezackten dunkelgrünen Blättern schlug mir ins Gesicht. Eine hoch gewachsene, übermütige Artemisia!

Seit Jahren versuche ich, ihre Wirkung zu erforschen, hauptsächlich im Selbstversuch. Auf einen entsprechenden Eintrag in meinem Internet-Tagebuch bekam ich viele Hinweise auf die besondere Kraft von Artemisia. Zum Beispiel wird diese Pflanze zum Moxen, zum Verbrennen von Kräuterstängeln auf der Haut, um die Durchblutung und Heilung zu fördern, verwendet. In den Vereinigten Staaten fanden Ärzte heraus, dass Artemisia Alzheimer positiv beeinflussen kann, dass Leukämie und Brustkrebs mit dieser Pflanze behandelt werden – mit positiven Ergebnissen. Eine Artemisia-Art kann Malaria vorbeugen. Im Himalaya erzählten mir Sherpafrauen, dass sie das Haus mit einem Absud aus Artemisia putzen und mit den Blättern räuchern, sie waren allerdings entsetzt, als ich ihnen sagte, ich kaue täglich ein Blatt, um Magen- und Darmkrankheiten vorzubeugen (mit Erfolg). Außerdem legte ich mir Artemisiablätter in die Schuhe, die meine nackten Füße kräftig machten, wie es mir Sherpas gezeigt hatten. Eine Freundin erzählte mir, dass Artemisiatee anregende Träume erzeuge, weil ihre Substanzen spirituelle Anlegestellen öffnen können.

Diese Bahnhofsartemisia war kein bisschen beeindruckt, dass ich eine S-Bahn fahren ließ und mich zu ihr setzte. Sie wiegte sich im Wind der durchfahrenden Bahn und ihre Blattspitzen streichelten meine nackten Arme.

»Was kannst du?«, fragte ich sie.

»Was kannst du?«, fragte sie zurück.

»Schreiben, tanzen, Yoga«, sagte ich.

»Ich kann kommunizieren«, sagte sie.

Ich nahm ihre Blätter zwischen beide Hände, ohne sie abzureißen. Die Blätter fühlten sich in meine Handflächen ein und eine feine Energie sickerte durch die Poren, ließ sich in der Haut nieder und fing an, Impulse auszusenden. Das Erstaunliche war, dass es Energien in meinem Körper gab, die auf Artemisia reagierten, ohne dass mein Gehirn begriff, was da eigentlich ablief. Ich saß da, hielt mit beiden Händen die Blätter und schaute auf die glänzenden Schienen, während etwas in mir mit etwas in der Pflanze kommunizierte und alte Freundschaften aufleben ließ. Meine Gedanken wurden sachte geführt. Sie bewegten sich fort von Fahrplänen, Anrufen, die ich noch machen musste, Terminen, die ich einhalten musste. Sie fingen an, absichtslos zu schweben, ließen sich auf den zackigen Rändern der Artemisiablätter nieder und spielten mit dem subtilen Duft der Pflanze. Mit der Zeit hatte ich den Eindruck, dass alle meine Zellen sich nach der Pflanze ausrichteten wie eine Sonnenblume nach der Sonne. Ich folgte einem Impuls, meinem, dem der Pflanze, und zupfte ein winziges Stück von einem Blatt ab, legte es auf meine Zunge und nahm die Pflanze wieder zwischen beide Handflächen. Zuerst spürte ich einen etwas bitteren Geschmack im Mund, dann hatte ich das Gefühl, dass meine ganze Energie nach unten strömte, durch den Bauch und die Beine in die Fußsohlen und durch die Haut der Sohlen in die Erde. Ich sank ein und verlor das Gefühl für meinen Körper. Dann stieg eine sehr feine Energie in meinen Körper auf wie ein kaum wahrnehmbares Prickeln, wie der Duft, der noch in der Luft liegt, nachdem die Duftquelle längst verschwunden ist. Die Energie, die ich jetzt empfand, war klar und streng zugleich. Etwas scannte meinen Körper, untersuchte die Substanz, fühlte sich in die Zellen ein. Ich, wer immer das ist, stand dieser einströmenden Energie irgendwie fremd gegenüber. Sie schien mich zu begrenzen, zu bremsen. Sie schien einen Befehl zu geben, der alles auf Minimum fuhr, keine Ausdehnung, kein Überfließen, kein Übermut, keine Ungenauigkeiten. Ich atmete mich in diese Kraft hinein. Sie fing an, mir zu gefallen. Sie beschäftigte sich nicht mit meiner Psyche, meinen Verletzungen, meinen Höhenflügen, meiner Geschichte, meiner Begeisterung. Sie reagierte nur auf meine Zellen. Das fühlte sich zunächst einmal ungerecht an: He, ich wohne hier, ich möchte auch gefragt werden. Ich möchte mitreden. Ich möchte auch entscheiden, was wie läuft und welche Energie wie in meinem Körper wirkt. Das Verrückte war, dass dieses Ich, diese flüchtige Verdichtung von Persönlichkeitsbedürfnis hier einfach nichts zu sagen hatte. Eine Kraft, die viel älter war als alles, was »ich« fühlen konnte, fusionierte mit einer anderen uralten Kraft. Die Essenz der Pflanze kommunizierte mit der Essenz des Körpers und ich war irgendwie draußen. Erst als ich anfing, aus meiner Persönlichkeitsstruktur in ein Gefühl von All-eins-Sein, in das uralte Sein, das mich mit allem verband, einzusinken, fing ich an, das energetische Netzwerk zu spüren, das meinen Körper und die Artemisia verband. Es war wie das Aktivieren einer uralten Verbindung, die sowieso immer da war, von mir jedoch erfolgreich blockiert wurde. Jedes Mal, wenn mein Körper mit Artemisia in Kontakt kam, verhinderte mein Hirn das Aufleben der Verbindung, mal durch Terminstress, mal durch Gedankenflüge, hierhin, dorthin. Wann bin ich schon wirklich da, wo ich gerade bin! Selbst die vernünftige Überlegung, dass es solche energetischen Verbindungen zwar irgendwie abstrakt gibt, doch eigentlich nicht im Alltag und ich besser auf den Boden der Tatsachen zurückkomme und aufhöre, mich in feinstoffliche Kommunikationshalluzinationen hineinzusteigern, bekundet, dass ich nicht einfach sein und spüren kann.

Diese Verbindung aller Energien aus der Pflanze und aus meinem Universum war völlig frei von irgendeiner Emotion. Ich freute mich nicht, ich war nicht begeistert oder rasend vor Glück, ich hatte keine Angst, ich war nicht skeptisch, ich war nicht misstrauisch. Ein Austausch und Verschmelzen von Energien fand auf eine so selbstverständliche Art statt, dass es sich so normal anfühlte wie atmen oder sprechen. Vor meinen geschlossenen Augen verdichtete sich eine Art Farbimagination, ein sehr dunkles Grün, das bald meinen ganzen Kopf ausfüllte. Ein Ton tauchte von irgendwoher auf, vielleicht war er sogar von der durchfahrenden Bahn ausgelöst worden, jedenfalls hing er in der Luft, in meinem Hirn und brandete gegen die Ränder meiner Zellen. Dann wallte ein Bitterstoff auf, füllte meine Kehle, meinen Hals, meinen Mund, meine Nase. Meine Augen begannen zu tränen. Ich atmete ein paar Mal tief ein und aus, der Geschmack wurde schwächer, der Geruch verschwand, der Ton verschwand, das Sonnenlicht erhellte die Lichtempfindung meiner geschlossenen Augen und jetzt hörte ich Kinder reden und schreien, offenbar eine Schulklasse, die auf dem Bahnsteig auf die S-Bahn wartete. Niemand bemerkte mich. Als ich die Augen öffnete, war ich fast verblüfft, diese kleine Kräuterwildnis am Ende eines Bahnsteigs zu sehen. Ich fühlte mich wie von einer weiten Reise zurückgekehrt und doch schien kaum Zeit vergangen zu sein. Tatsächlich war ich über eine Stunde bei der Artemisia gesessen. Ich ließ sie los. Sie wiegte sich. Und als ich ihre Blätter betrachtete, fühlte ich einen bitteren Geschmack auf der Zunge. Es ist, als könne mein Körper jetzt die Energie von Artemisia abrufen. Wir kennen uns und die Erinnerung wird bleiben.

Die Traumkraft füttern

Wie entstehen Visionen? Wie wächst die Traumkraft? Wo sind die Übergänge zwischen der Welt der festen Dinge und den vielen Ebenen der Traumzeit? Es gibt Pflanzen, Kräuter und Substanzen, die Visionen fördern. Rituale stellen Energiefelder her, durch die wir in Kontakt mit anderen Seinszuständen kommen. Hier sind einige Anregungen zur Stärkung der Traumkraft.

1. Den Körper überraschen

Die alltäglichen Verrichtungen erfreuen den Körper kaum. Er ist noch nicht wirklich wach, da wird er schon ins Hamsterrad eingespannt und muss rennen und funktionieren. Der Geist, der ja noch gelegentlich ein Veto einlegt, wird niedergekämpft: Frühstück mit Kaffee (und Zigarette) – das erstickt den Widerstand im Keim. Es gibt jedoch auch ein paar Möglichkeiten, den Körper schon morgens angenehm zu überraschen und die Elemente zu wecken, die den Körper halten und schmieren.

Nach dem Aufwachen Fenster öffnen (falls es nicht offen ist) und die Bettdecke wegziehen, noch besser: Nachthemd oder Schlafanzug ausziehen. So kommt der Körper mit frischer LUFT in Berührung und kann sich freuen. Nach einer Minute die Bettdecke wieder über den Körper legen und warten, bis er wieder kuschlig warm ist. Dabei zuerst den Bauch mit Atemluft füllen, dann den Brustkorb und dann den oberen Brustraum bis zum Schlüsselbein. Beim Ausatmen zuerst den Bauchraum leeren, dann den Brustkorb, dann den oberen Brustraum. So entsteht eine Art Atemwelle. Nur ein paar Minuten erfordert diese Begegnung des Körpers mit der Luft. Wer etwas mehr Zeit hat, kann mit Salbei räuchern und etwas singen, um die Wohnung oder das Haus in gute Schwingungen zu bringen. Reicht die Zeit dafür nicht, tut's auch ein Juchzer oder ein Jodler.

Das FEUER im Körper regelt die Temperatur und die Verdauung. Damit es seine Arbeit tun kann, braucht es einerseits gute Nahrung (Körnerfrühstück, Vollkornnahrung), andererseits Sauerstoff. Aber auch ein paar Mal Seilspringen macht heiß. Wenn sich die Sonne verhüllt, ist es gut, mit ein wenig Kerzenlicht Feuer in die Augen zu zaubern, damit sie sich nachher die Welt lieber ansehen.

Mit dem WASSER im Körperuniversum zu surfen geht ganz leicht: trinken, schwitzen, Tränen lachen (falls

nötig, auch mal herzlich weinen). Besonders interessant ist Wasser, das eine Nacht mit Kristallen zusammen verbracht hat. Dabei scheint es mir wichtig, dass diese Kristalle nicht bearbeitet wurden. In Stein-Geschäften sind solche kleinen Kristallspitzen ohnehin die billigsten. Ich lege sie in einen Becher und fülle ihn dann mit Wasser, lasse das Ganze – mit einem Stein zugedeckt – über Nacht stehen und trinke es morgens.
Die ERDE bringt sich im Körper durch Nahrung ein – je hochwertiger und natürlicher, desto besser. Es kostet wenig Zeit und Mühe und gar kein Geld, einen Baum zu berühren, mit ihm ein bisschen zu stehen und dabei die Fußsohlen zur Erde zu öffnen. Das erdet den Körper und macht heiter.
Das Beglückende an all diesen kleinen Ritualen, die den Körper überraschen, ist, dass sie im Alltag keinen großen Mehraufwand an Zeit und Energie erfordern und fast nebenbei glücklich machen.

2. Die Schönheit rufen

Wer hätte sich nicht schon beklagt, wie hässlich die Städte, die Straßen, die Gewerbegebiete, die Büros sind. Da vom Klagen nichts besser wird, empfehle ich, Schönheit zu rufen und mitzubringen. Für mich wird sie durch Steine, Stoffe, bunte Perlen aus Afrika und Asien, zu Ketten aufgefädelt und am Körper getragen, sichtbar, greifbar. Farben, kleine Kräuterarrangements, Steine und klare Formen können die Stumpfsinnigkeit alltäglicher Bilder und Konstruktionen aufbrechen. Neulich sah ich, wie eine Frau eine gelbe Rose vor eine Baustellenabsperrung auf einer Ringstraße legte. Das machte mich den ganzen Tag vergnügt.

3. Die Natur beschenken

Um mit der Natur und ihrer stärkenden, schützenden Kraft in Verbindung zu kommen, kann man ihr Geschenke machen, nicht, um sich bei ihr beliebt zu machen, sondern, um Nähe zur Natur zu spüren.

Die ERDE und die Bäume lieben Muschelkalk, weil sie sich damit an das Meer erinnern können, das einmal überall war, bevor die Menschen anfingen, sich wichtig zu machen. Muschelkalk kann Bäume heilen und die Erde wieder ins Gleichgewicht bringen.

Verschmutzte oder unglückliche Flüsse, Bäche, Weiher und Seen werden mit WASSER, das, wie oben beschrieben, mit Kristallen aufgeladen wurde, oder mit reinem Quellwasser wieder heiter. Es reicht, ein wenig von dem spirituell angereicherten Wasser hineinzugießen. Natürlich kann man daraus auch ein kleines Ritual machen und gute Wünsche ausrufen.

Das FEUER hat uns so viel gegeben, es ist Zeit, auch dem Feuer etwas zu schenken. Dazu kann man aus Materialien, die gut brennen, wie Papier, Stroh, tro-

ckenem Holz, Wachs, Harz, Kräuter usw., ein Objekt herstellen, das dann dem Feuer geschenkt und darin verbrannt wird.
Die LUFT mit Gesängen und guten Düften zu bewegen ist wohltuend und reinigend.

4. Die Traumkraft füttern

Obwohl der Schlaf ja auch der »kleine Tod« genannt wird, sehnen sich gerade jene Menschen danach, die nicht gut einschlafen können oder immer wieder aufwachen. Auch Albträume können das Schlafvergnügen erheblich stören. Wie man schläft und wie gut oder schlecht man träumt, ist durchaus kein Zufall. Je mehr Gewalt und Schrecken, z. B. aus dem Fernsehen, in die Bilderwelt vor dem Einschlafen fließen, umso schwerer und heftiger können die Träume werden. Auch Nahrung und Getränke vor dem Einschlafen spielen bei Träumen eine große Rolle.
Heiße Milch, mit einem Stück Zimtstange, einem Stück Vanilleschote und einer Prise Safran aufgekocht, mit Honig gesüßt und bei Kerzenlicht im Bett genossen, lässt alle Sinne blühen und schenkt ganz erstaunliche Traumbilder.
Ich habe mir zudem ein Einschlafbild eingerichtet, das ich aktiviere, wenn ich das Licht gelöscht habe. Es ist ein Gerstenfeld. Ich habe es tatsächlich in Südmustang gesehen. Ein wogendes, raschelndes Feld mit gelben

Ähren, das von einer kleinen Steinmauer umfriedet ist, darüber blauer Himmel, klare Luft. Kaum sehe ich das Bild, schlafe ich ein. Das kann mir sogar tagsüber passieren.

5. Die Süße des Bitteren spüren

Bitterstoffe sind aus unserer Nahrung weitgehend verschwunden. Wir brauchen sie jedoch zur Anregung der Verdauung, das heißt auch jener Kraft, die uns hilft, den Alltag mit all seinen Hindernissen und Schrecken zu verdauen. Bitterstoffe reinigen den Körper und wecken die Widerstandsfähigkeit. Sie sind auch wesentliche Unterstützung für die Botenstoffe im Körper, die Informationen weitertragen, alle Verbindungen aufrechterhalten und für einen Ausgleich der Energie sorgen. Ich mache mir gelegentlich Tee aus Enzianwurzel, die es in Kräuterläden zu kaufen gibt. (Ein Teelöffel auf einen halben Liter, beides zusammen kurz aufkochen, ein paar Minuten ziehen lassen und dann abseihen.) Auch Tee von Artemisia Vulgaris mit Holunderblüten und Hagebuttenfrüchten hat erstaunliche Wirkung. Abgesehen davon, dass er den Körper glücklich macht, ist er auch ein hervorragendes Traummittel.

6. Die Mitte stärken

Bevor Gürtel und enge Röcke und Hosen den Körper in der Mitte abschnürten und den Fluss der Energie dadurch abschnitten, gab es schon den Brauch, die Mitte zu betonen, zu unterstützen und zu gürten – mit Pflanzengürteln. Deren Wirkung ist erstaunlich. Ein Artemisiagürtel, locker um die Taille direkt auf die Haut gelegt, regt die Heilung der inneren Organe an und füttert die Haut mit Wildnisimpulsen. Ein Gürtel aus Weidengeflecht ruft die Kraft der Saligen, der Weiden-Frauen, der wilden Frauen.

7. Den Hals erfreuen

Statt Gold, Silber oder Schmuckperlen um den Hals zu legen, kann man auch einmal eine Kette aus Kräutern und Naturfasern flechten. Weide hellt den Kopf auf, Baldrian macht schläfrig, Kokos und Zimtrinde machen wach und heiß, Wurzelfasern helfen bei der Erdung, Gras macht heiter. Öl hilft bei der Verarbeitung von Naturfasern und Naturmaterialien.

8. Die Füße aufwecken

Es ist kein Vergnügen, in der Stadt barfuß zu laufen, doch in jeder Stadt gibt es Grünflächen, Flüsse, Weiher, Seen oder eine Umgebung mit Wiesen und Wäldern, wo die Füße sich einmal austoben können. Barfußlaufen ist gelegentlich wichtig, um den Kontakt zur Erde nicht zu verlieren und zu spüren, was sie mitteilen will. Eine ungewöhnliche Anregung der Traumkraft sind auch die Blätter von Artemisia, Salbei, Pfefferminze oder Löwenzahn, frisch gepflückt und in die Schuhe gelegt oder zu Einlegesohlen geflochten und genäht. Manchmal wollen sich die Hände und die Füße auch treffen, Handflächen und Fußflächen aufeinander legen und sich spüren. Strumpfhosen sind da eher im Weg (die finde ich ohnehin nicht empfehlenswert, weil sie die Atmung der Haut und der Vagina behindern). Im Herbst kann man Kastanien aufsammeln und sie in eine kleine Kiste legen. Jeden Abend kann man dann monatelang die nackten Fußsohlen auf den Kastanien hin und her bewegen und aufladen.

9. Die Haut ermuntern

Wenn der Körper müde und schlapp ist, wenn man immer wieder Erkältungen hat und sich allgemein schlecht fühlt, ist es Zeit für eine radikale Begegnung mit den provokativen, etwas heftigeren Kräften der

Natur. Brennnesseln, die Heilerinnen par excellence, wachsen überall. Ich streiche mir mit zwei, drei Pflanzen über die Arme, die Beine, die Schultern. Meine Haut wird munter (feuerrot), reagiert mit Durchblutung und dazu bekomme ich Gelegenheit, tief zu atmen und zu stöhnen. (Nur wer keine Nesselallergie hat, kann das ausprobieren, alle anderen sind auch mit kaltem Wasser gut dabei.)

10. Die Göttin rufen

Die unscheinbarsten Kräfte, die uns die Natur schenkt, werden oft nicht wahrgenommen und gering geschätzt. Holunder gehört zu diesen Kräften. An vielen Brachflächen, alten Schuppen, Hausecken stehen Holunderstauden, doch nur noch wenige Menschen kennen die erstaunliche Wirkung des Holunders. Er verkörpert die Göttin Holla, also in anderen Formen auch die Percht, die Freya, die Unterweltshüterin, die im Körper das Fieber senken, Entzündungen heilen und innere Organe wieder ins Gleichgewicht bringen kann. Der Saft der roten Beeren, gekocht und mit etwas Honig gesüßt, ist nicht nur wirksam gegen Fieber und Entzündungen, sondern stellt auch die Verbindung zur Göttin und ihren schützenden Kräften her. Holundersirup gibt es in vielen Öko-Läden zu kaufen. Roh ist Holunder für Menschen ungenießbar und giftig.

11. Fäden knüpfen

Ich trage auf Reisen oft einen kleinen Reisealtar mit mir herum. Wie andere Menschen vielleicht Pillenschachteln unverzichtbar finden, brauche ich irgendwo in meinem Reisegepäck eine Erinnerung an die spirituelle Kraft in mir, in der Erde, im Universum. In einer kleinen Blechschachtel bewahre ich zu diesem Zweck kleine Steine, etwas Harz, Kräuter, ein schönes Bild, einen abgebissenen Bleistift, eine alte Münze und Ähnliches auf. An Grenzen werden diese Reisealtäre, die eigentlich auch Kunstobjekte sind, von den Beamten bestaunt und gründlich hinterfragt.

12. Den Kontakt halten

Das tägliche Leben reißt gern in seinem breiten Strom alles mit sich fort, was einmal wichtig, kostbar, erfreulich war. Dann erinnert man sich Wochen, Monate oder Jahre später, dass man doch eigentlich mal ins Kino gehen, eine Craniosacral-Behandlung machen oder mit alten Freunden ausgehen wollte. Ich habe entdeckt, dass es gut ist, eine Art Wunschkiste zu haben, in der solche Wünsche und Träume, auf Zettel aufgeschrieben, landen. Bei mir ist es ein »Ahninnentopf«, also ein Gefäß, in dem ich Erde, Kräuter, kleine Steine und Wünsche aufbewahre. Wenn man die Träume und Wünsche mit Datum aufschreibt und diese Zettel in der Kiste oder im Topf aufbewahrt, entsteht mit der Zeit eine Art Traumlandkarte, die zu den geheimen Pfaden der eigenen Traumkraft führen kann.

13. Die Traumzeit ehren

In jedem meiner Tage gibt es wenigstens fünf oder zehn Minuten, die der Stille, dem Nicht-Tun, dem Nicht-verwickelt-Sein, dem Maulaffen-Feilhalten, dem Batterieaufladen gewidmet sind. Profis nennen das: meditieren. Aber ich meditiere vielleicht gar nicht. Ich halte die Stille. Ich suche mir einen Ort in der Wohnung, am Fluss, in der Natur, der mich für den Zeitraum dieser Stille ertragen mag und der mich beruhigt. Dann sitze ich bequem und falle aus der Welt ins Nichts. Ich will nichts, ich denke nichts, ich kann nichts, ich habe nichts und nichts bewegt mich. Wenn ich wieder auftauche, bewahre ich die Erinnerung an dieses köstliche Nichts. Nichts zählt. Nichts ist da. Ich bin nichts. Und ich bin da.

Auf blaugrünen hohen Wellen schaukelt ein Küchenstuhl, ein Auto fährt durchs Wohnzimmer. Vögel zwitschern. Die Hibiskuspflanze öffnet eine Blüte, irgendwo entsteht ein tiefer Ton. Habe ich das noch gedacht oder schon geträumt? Bin ich noch in der Diesseitsrealität oder schon abgedriftet, dorthin, wo keine Kontrolle mehr nötig ist, wo alles schwebt und frei fließt? Wenn das Hirn anfängt, mit sich selbst zu spielen, wenn der Körper in tiefe Entspannung geht und endlich loslassen kann, wenn der Atem sanft wird, die Kiefermuskeln weich und die Lippen locker, öffnet sich der Zustand jenseits von Zeit und Raum, das weite Meer der Impulse. Diese köstlichste Zeit vor dem Einschlafen und nach dem Aufwachen, dieser Zwischenzustand ist die Nahrung, die die Seele so dringend braucht wie der Körper vollwertiges Essen, die die absolute Wahrheit der Diesseitswelt mit den spielerischen Wahrheiten aller anderen Welten verbindet, die die Sinne öffnet und aus Zahlen Farben, aus Worten Töne macht, die den Sternenmantel der Traumkraft über alles wirft.